面向"中国制造2025"汽车类专业培养计划

汽车检测与维修专业中高职衔接
人才培养与教学研究

孙　旭　著

西安交通大学出版社
XI'AN JIAOTONG UNIVERSITY PRESS

图书在版编目（CIP）数据

汽车检测与维修专业中高职衔接人才培养与教学研究/孙旭著. —西安：西安交通大学出版社，2017.6
ISBN 978－7－5605－9843－7

Ⅰ. ①汽… Ⅱ. ①孙… Ⅲ. ①汽车—检测—人才培养—职业教育—教学参考资料 ②汽车—车辆修理—课程标准—职业教育—教学参考资料 Ⅳ. ①U472

中国版本图书馆 CIP 数据核字（2017）第 165350 号

书　　　名	汽车检测与维修专业中高职衔接人才培养与教学研究	
著　　　者	孙　旭	
责 任 编 辑	李迎新　　贺彦峰	
出 版 发 行	西安交通大学出版社	
	（西安市兴庆南路 10 号　邮政编码 710049）	
网　　　址	http：//www. xjtupress.com	
电　　　话	（029）82668357　82667874（发行中心）	
	（029）82668315（总编办）	
传　　　真	（029）82668280	
印　　　刷	西安明瑞印务有限公司	
开　　　本	787mm×1092mm　1/16　印张 11　字数 261 千字	
版 次 印 次	2017 年 11 月第 1 版　　2017 年 11 月第 1 次印刷	
书　　　号	ISBN 978－7－5605－9843－7	
定　　　价	25.00 元	

内 容 简 介

　　本书基于汽车检测与维修技术专业"3+3"分段培养项目的实践，聚焦于"教与学"，即针对"教什么，学什么""如何教，如何学"，开展理论与实证研究。可用"三个研究、三个形成"加以归纳，"三个研究"，即：汽车检测与维修专业"3+3"中高职衔接的课程体系的研究；中高职衔接的人才培养模式的研究；中高职衔接课程的开发与教学模式的研究。"三个形成"，即：形成汽车检测与维修专业中高职衔接一体化的课程体系；形成"校企双导师制"人才培养模式；形成基于行动导向的课程开发与教学模式。本书研究成果可为相关专业的中高职衔接人才培养提供借鉴与参考。

P REFACE 前 言

　　本书是作者承担的江苏省 2015 年中高职衔接课程体系建设项目《基于"3＋3"分段培养模式的汽车检测与维修技术专业中高职衔接课程体系构建研究》（编号：201528）的研究成果，也是全国交通教育教学指导委员会 2014 年度课题成果。本书的出版也得到 2014 年度江苏省高校青蓝工程项目资助。

　　本书著述的主要内容，基于汽车检测与维修专业"3＋3"中高职衔接的特点分析，聚焦于"教与学"，即针对"教什么，学什么""如何教，如何学"，开展理论与实证研究。可用"三个研究、三个形成"加以归纳，"三个研究"，即：汽车检测与维修专业"3＋3"中高职衔接的课程体系的研究；中高职衔接的人才培养模式的研究；中高职衔接课程的开发与教学模式的研究。"三个形成"，即：形成汽车检测与维修专业中高职衔接一体化的课程体系；形成"校企双导师制"人才培养模式；形成基于行动导向的课程开发与教学模式。

　　本书写作过程中，主要的参考文献均已标注出，在此，谨向诸位原作者表示深深的谢意。由于笔者水平有限，对中高职教育衔接的研究还处于探索之中，书中难免存在诸多不妥之处，恳请广大读者及同仁给予批评指正。

　　本书的出版，得到了南通航运职业技术学院的各级领导的支持与重视，在此表示感谢；也要感谢与南通航运职业技术学院合作开展汽车检测与维修专业"3＋3"中高职衔接项目的中职学校的老师，没有他们的支持，本课题的研究与实践也无从谈起；更要感谢南通航运职业技术学院汽车专业的全体老师对我研究工作的支持与帮助。

孙　旭

2017 年 3 月

ONTENTS 目 录

第五章　基于行动导向的中高职衔接课程开发与课程教学研究 /138

 第一章

引　言

第一节

研究背景

一、前言

"中高职衔接",狭义上是指如何将初中毕业生为招生对象的中职生升入高等职业学校学习;广义则是指健全职业教育从低层级到高层级或更高层级的教育衔接。但两者的逻辑重音和本质属性一致,即强调"中等职业教育"、专科层次的"高等职业教育"都不是终结教育,而是纵横贯通的教育,可持续发展的教育,能产生巨大吸引力的教育。

《国家中长期教育改革和发展规划纲要(2010—2020)》提出:构建中等职业教育与高等职业教育课程、培养模式和学制贯通的"立交桥",打通技能型人才深造发展渠道,为学生的多元发展提供保障。中高职衔接是目前职业教育中的重要发展事件,其重要性被提到了现代职业教育体系构建的高度,而且教育部还要求各省市进一步加快中高职衔接的进程。然而,中高职衔接是一项非常复杂的工程,其关键点与难点均在课程设计。当参与中高职衔接的职业院校获得了政策许可时,如何设计课程体系就成了其面临的重要问题。在此基础上,采取何种行之有效的人才培养模式和教学手段达到中高职衔接教育的目标,更是职业教育者探索和需解决的重要问题。江苏省2012年启动首批中高职衔接试点以来,建设包括"3+2"(3年中职+2年高职)、"3+3"(3年中职+3年高职)等多种模式在内的中高职衔接人才培养试点项目。南通航运职业技术学院与南通中专、如皋中专等学校也获批"3+3"衔接培养的汽车检测与维修专业中高职衔接试点,2014年已开始招生,项目的研究正是建立在此试点实践基础上开展的。

二、国内外中高职衔接的模式

(一)中高职衔接的模式

1. 以我国台湾为代表的学制一体化衔接模式

"五年一贯制"是最典型的一体化衔接方式,如我国台湾地区的"五专"实行学分制,规定至少修满220学分,学生在前两年公共课学习结业后允许进行一次专业选择,在具体教学中采用模块化的教学方式。

2. 以英国为代表的文凭等值衔接模式

文凭等值衔接模式的特点是国家出台职业资格制度,认可不同层次职业资格与相应学校教育文凭的等值关系，并使二者具有升学与就业的同等效力，职业资格的获得者由此取得接受高等教育的权利。

3. 以德国为代表的通过预备教育（专门补习或工作经历）衔接模式

中职学生升入高职，除了具备高中毕业的文化程度外，还要经过专业补习或一定时间的从业经验等才能获得高职教育的入学资格。

4. 以美国为代表的教学大纲与内容的衔接模式

中高职教育的教学内容和课程结构具有延续性和连续性，它们之间通过系统衔接的方式接轨，中职与专科层次职教大纲或课程呈现系统性，通过大纲与课程的对接，保障这两层次职业教育的顺利衔接。

（二）我国"中高职衔接"常态模式

1. 对口招生模式

对口招生模式是指完成三年中职学习的中专、技校、职高毕业生通过春季高考升入专业对口的高职院校继续深造。目前，高职招生普遍采取 3 + X 考试方式。"3"指语文、数学、外语三门文化基础课，一般由高职院校所在省、直辖市的教育行政部门统一组织命题、考试和评卷。"X"指专业综合考试，由招生高职院校确定，并根据招生特点及培养要求组织命题、考试和评卷。

2. 分段贯通模式

分段贯通模式是指高职院校与中职学校合作，实行分段贯通式联合办学。招收的初中毕业生先在中职学校学习，毕业后经考试按一定的比例选拔升入高职院校继续深造。通常说的"3 + 2"（前段中职 3 年 + 后段高职 2 年），"3 + 3"（前段中职 3 年 + 后段高职 3 年）就是这种模式，但中高职要共同制订培养目标，整合、重组中高职课程和教学计划。

3. 五年一贯制模式

五年一贯制模式是我国较早试行的中高职衔接模式，包括由部分高等院校招初中毕业生举办的 5 年制高等职业教育（下伸式）及在部分国家级重点中等职业学校举办高等职业教育（提升式）两种情形，其入学考试与普通中专相同。一般分两个阶段组织教学，第一阶段以公共课为主，主要学习文化基础知识，进行一般能力的培养；第二阶段以专业基础课和专业课为主，主要学习专业技术理论和培养职业能力。五年学习期间，通常前三年按中职学校学生学籍管理，后两年按高职院校学生学籍管理。对符合毕业条件的学生，颁发高等职业院校的毕业证书。

▼ 二、汽车行业发展与人才需求新动态

2012 年 6 月，国务院印发《节能与新能源汽车产业发展规划（2012—2020 年）》，提出以纯电动为新能源汽车发展和汽车工业转型的主要战略取向，重点推进纯电动汽车和插电式混合动力汽车产业化，推广普及非插电式混合动力汽车、节能内燃机汽车，提升我国汽车产业整体技术水平。2014 年 5 月，习近平在考察上汽集团时指出，发展新能源汽车是我国从汽车大国迈向汽车强国的必由之路。2014 年 7 月，国务院印发

《关于加快新能源汽车推广应用的指导意见》提出贯彻落实发展新能源汽车的国家战略，重点发展纯电动汽车、插电式（含增程式）混合动力汽车和燃料电池汽车，促进新能源汽车产业健康快速发展。2015 年在传统汽车销量停滞不前的情况下，新能源汽车则得到高速发展。新能源汽车已成为汽车产业的一个重要组成部分和未来发展方向，与传统汽车在相当长的一段时间，必将是共存发展。但由于售后维修人才培养的滞后，且培养周期较长，新能源汽车售后维修专业人才的质量与数量明显不足。

在此背景下，国内部分高职与中职院校也开始开设新能源汽车技术专业，着眼于培养新能源汽车维修服务专业人才。新能源汽车有其独特的技术背景，是"机"与"电"的高度融合，新能源汽车注重的"电"方面知识能力更加抽象，需要学生具备相对扎实的"电""机"和"控制"基础。特别是混合动力电动汽车，是高度融合了传统汽车和电动汽车的先进技术，很难通过三年的高职培养（学生实际在校时间也就两年或两年半）实现技术技能型人才培养目标。当学生初中毕业进入中职学习，知识储备有限，以及专业基础薄弱，通过中职院校培养新能源汽车维修人才并不符合这一阶段学生的认知规律，因此培养目标更不易实现。

三、汽车维修类专业"3 + 3"中高职教育衔接研究现状

我国中高职衔接起步于 20 世纪 80 年代，有关中高职衔接的研究很多，截至 2016年 3 月，中国知网收录的期刊包含"中高职衔接"为篇名的论文约 1598 篇，其中包含"中高职衔接 + 课程"为篇名的论文有 683 篇，形成了诸多认识和观点，其中一项重要共识就是认同课程衔接是中高职衔接的核心内容，是实现中高职有效衔接的突破口。这些研究从不同角度对中高职衔接和课程衔接进行了分析和探讨；研究角度和方法多样，主要有实证研究、国内外比较研究、地域为对象或专业为对象的案例研究等。教育的类型和层次归根到底是由课程决定的。中等职教和高等职教是同一类型教育中的两个不同层次。中高职课程结构能否科学合理地衔接，直接关系到中职与高职两个层次培养目标的实现途径能否有机统一，能否避免教育资源和智力资源的浪费，这是一个关系职业教育整体教育质量和办学效益的关键问题。有学者认为课程衔接是中高职衔接的"本"，"标"是制度的衔接（姜大源，2011）。没有课程衔接，中高职的协调发展必然流于表面，只有课程的衔接才是最深入和最灵活的。因此，课程衔接是中高职衔接的实质与核心问题，是实现中、高等职业教育持续发展和协调发展的关键。虽然针对中高职衔接课程方面的国内研究颇多，但"3 + 3"分段培养中高职衔接课程设计相对于五年一贯制，"3 + 2"，对口衔接等形式的中高职衔接课程仍有着许多突出问题，主要包括"3 + 3"中高职衔接的课程体系是需要重新规划还是只需在现有课程体系基础上进行重组？中高职衔接的课程体系应按知识内在逻辑还是能力发展逻辑展开？整个课程体系应进行彻底的一贯制设计还是应保持中高职课程各自的相对完整性？"3 + 3"比"3 + 2"，学生如何培养才能体现长一年的学制的优势？这些问题都需要深入研究。而通过中国知网搜索，"3 + 3 中高职衔接"的论文查到 18 篇，而专门研究"3 + 3 中高职衔接课程"的论文只有 11 篇，其中 2015 年 8 篇，2014 年 2 篇。以上说明，

虽然关于中高职衔接已有充分的研究，但是对于"3+3"中高职衔接方面的研究偏少，特别是关于"3+3"中高职衔接课程方面的研究就更少了。现有的部分研究成果中，主要是结合专业展开论述，有的是对中高职课程衔接的问题进行分析，并提出改革建议；有的是从教学目标、专业设置、课程开设、评价考核等方面对衔接课程进行探讨。这类研究数量偏少，对中高职课程衔接的研究也还处于问题反思和理论思考阶段，尚未形成系统，研究成果也不够丰富和完善。汽车检测与维修专业"3+3"中高职课程衔接的公开发表的成果则更少，以江苏省南京交通职业技术学院的中高职衔接"3+3"分段培养实例分析——以汽车检测与维修技术专业试点项目为例，该成果的实施中虽对课程体系进行了一定的重构，但人才培养方案中对于目前高速发展的新能源汽车行业对售后维修服务人才的需求则没有考虑，没有设置相应课程（含实践课程）来拓展学生在新能源汽车方面的认知，或更深层次维修检测能力的培养。

中职教育由于受到教育层次与教育年限的限制，不易承担具备新能源汽车检测与维修能力的专业人才培养，而高职教育尽管在教育层次上已属高等教育；但由于在专业教育上学生仍然处于零起点，必须花费大量时间进行基础技能训练，因而也难以在短学制下实现兼具传统燃油汽车与新能源汽车检测与维修的综合能力这一人才培养目标；而通过"3+3"中高职衔接，对课程体系从中职到高职进行一贯制设计，则有利于避免这些问题，大幅度提升人才培养的目标定位。中高职课程体系的设计，不能是对现有中职和高职课程体系的简单重组，而是必须以中高职衔接后的长学制为基础，根据人才培养总体年限重新规划人才培养目标，之后再依据所确定的人才培养目标进行课程体系设计。这一人才培养目标定位，应当把中高职教育分段所无法实现的目标，尤其是技术能力的培养纳入其中。在汽车维修检测专业中，实施"3+3"中高职衔接模式，可以充分利用长学制培养的优势，在传统汽车与新能源汽车共存的汽车工业发展新常态下，实现培养学生具备传统汽车维修检测与新能源汽车维修检测的综合能力。而这一目标，单一的高职或中职均不易实现，"3+3"比"3+2"也更具备长学制的优势。

汽车检测与维修专业"3+3"这种长学制模式，可以通过中职三年加强汽车"机"方面的维修与检测技能训练，再通过高职三年侧重于"电"方面的技能训练，是非常有利于新能源汽车（含油电混合动力电动汽车、纯电动汽车）维修检测能力的培养。通过调研发现，目前现有汽车检测与维修专业"3+3"试点院校均没有考虑新能源汽车快速发展，与传统汽车共存的新常态下如何构建汽车维修专业能力培养的课程体系，并在此课程体系框架下采取什么样的人才培养模式及什么样的的课程教学方法，即"教什么、学什么"，"如何教、如何学"，这正是本书要讨论的关键点。

四、本书研究的目标和主要内容

在新能源汽车高速发展，与传统汽车共存的背景下，定位于围绕培养学生具备传统汽车维修检测与新能源汽车维修检测的综合能力这一人才培养目标，通过对汽车检测与维修专业"3+3"中高职教育衔接的实证研究，制定汽车检测与维修专业"3+3"

中高职衔接人才培养方案，构建课程体系、课程标准，探索"校企双导师制"人才培养模式，及基于行动导向的课程设计及教学模式等，为国内汽车检测与维修专业中高职教育衔接的人才培养，及课程开发与教学提供一种新的实践范例。

项目研究主要凸显在以下三个层面：第一层面，就项目研究的重要性而言，在构筑中、高职教育"立交桥"平台时，中、高职课程结构能否科学合理地衔接，直接关系到中职与高职两个层次培养目标的实现途径能否有机统一，它是实施中、高职教育体系衔接的关键所在，也是本项目着力要研究和解决的核心问题之一。第二层面，就项目研究的目的性而言，旨在面对汽车行业发展变化的新常态下，如何科学确立以职业能力为核心的中高职衔接的人才培养和教学模式，以不断提高职业教育的办学质量和办学效益，避免教育资源或智力资源的浪费提供有参考价值的试点案例。第三层面，就项目研究的适用性而言，项目的研究成果，力求适用于中、高职教育衔接，尤其适用于汽车检测与维修专业"3＋3"中高职人才培养"项目试点工作的改革实践。

本书著述的项目，通过三个子课题的研究完成，可用"三个研究、三个形成"加以归纳，

"三个研究"，即：

（1）课题1：研究中高职衔接的课程体系；

（2）课题2：研究中高职衔接的人才培养模式；

（3）课题3：研究中高职衔接课程的开发与教学模式。

"三个形成"，即：

（1）形成中高职衔接一体化的课程体系；

（2）形成"校企双导师制"人才培养模式；

（3）形成基于行动导向的课程开发与教学模式。

第二节

项目调研与分析

目前，汽车行业究竟需要需什么样的人才？对其知识和技能结构具体有什么要求？随着汽车业的不断发展，需求特征会发生什么样的变化？这些在汽车职业教育的研究与实践中至关重要。为此，项目组通过多种形式，广泛开展专业调研，从多渠道获得对汽车人才的需求状况、培养现状、知识结构、教学体系、实训基地建设模式、技能考核体系、教材建设等方面的建议和要求。

调研目的：为了解南通及周边地区汽车维修企业对汽车维修专业高级技能型人才的规格要求和数量需求，以适应汽车相关行业的市场需要，更好地把握汽车检测与维修专业"3＋3"的培养目标，满足对该专业学生知识、能力和素养等方面的培养，更

好地服务当地汽修企业，使培养的人才满足用人单位的需求，为汽车检测与维修专业人才培养方案的制订提供客观依据。

调研总体思路：该项调研工作从了解本专业对应的职业岗位的人才需求状况入手，及时跟踪人才市场需求及岗位要求的变化，据此研究分析高职汽车检测与维修专业人才培养的规格、能力与素质结构，确定专业培养目标、优化课程体系和教学内容、教学模式，实现主动适应长三角区域汽车维修行业经济和当今社会发展的需要；另外，也对相关中高职院校的汽车检测与维修专业的人才培养方案、专业建设和课程建设及教学改革等情况进行考察调研。

调研的主要内容：第一，南通及周边地区汽车维修行业的发展趋势，人才需求情况；第二，企业的主要就业岗位、典型岗位工作任务对学生核心技能的具体要求、所需的知识结构等；第三，考察、了解兄弟院校同类专业的培养方案、课程设置、教学改革等情况。主要采用现场交流、问卷调查及座谈等等方式进行调研，了解企业的现状、汽车检测与维修专业岗位的人才结构及需求情况；企业对高职学生的总体评价；企业对学校教育教学的建议等。

调研的主要方法：采用访谈、参观交流、网络调查、会议、抽样等方法

调研的主要企业：江苏文峰车业连锁发展有限公司、南通之星 – 奔驰、南通长江汽车贸易集团、江苏太平洋汽车集团、南通鑫湖汽车集团、南通新城汽车集团、南通海盟汽车集团、东风标志、中联车盟、德国进口大众、通州中外汽车维修有限公司等。

调研的主要学校：南京交通职业技术学院、无锡职业技术学院、无锡汽车工业学校、南京交通技师学院、安徽交通职业技术学院、安徽汽车工业学校、上海交通职业技术学院等。

一、汽车行业人才需求情况概述

目前，汽车人才的概念大致可分成汽车制造业和汽车售后服务业两大类。就汽车制造业而言，有产品研发人才，如产品设计开发工程师、产品开发项目经理、产品开发工程师等；技能型人才，如机械工程师、模具工程师、质量工程师、总装工艺工程师、线束工艺工程师、冲压工艺工程师、焊接工艺工程师、高级汽车钣金工、高级汽车喷漆工等。其中有两类人才相当缺乏：其一，高级汽车开发制造人才。欧美发达国家的汽车行业中，汽车研发人才一般都占到30%以上，而我国只有近8%。其二，因培养、培训出现断层，高级技工后继无人。

就汽车售后服务业而言，有销售人才、保养修理人才、装饰和美容人才、培训人才、汽配人才、信贷人才等。相关售后服务行业所创造的就业机会将大大高于汽车制造行业。仅市场销售类职业，就有汽车调研经理、品牌经理、品牌专员、区域促销主管等职位。汽车维修业人才需求将日益增大，需求方包括各汽车修理厂、检测站以及各类保养、换油、装饰中心、特约售后服务系统等。一辆新车从购入到汽车报废的全部花费中，购车费用只占到35%左右，而后期维修保养占到45%左右，并以每年10%以上的速度递增。

高职院校的汽车检测与维修专业培养的学生，主要面对汽车售后服务业，目前较多是在汽车运用与维修方面。

调研组开展了对南通本地区及苏南及苏北一些地区汽车维修及销售服务业广泛实地调研，本次调研的企业共计30余家，其中有南通永兴国际车城发展有限公司、南通新城汽车集团、江苏文峰汽车集团、江苏太平洋汽车集团、南通长江汽贸集团、南通鑫湖汽贸集团、南通益昌汽车集团、利星行南通奔驰之星、润宝行等20余家汽车类企业集团以及南通人保、太平洋保险、大众、大地、天安等多家财产保险公司。从行业来看，调研重点是一些集汽车销售、服务于一体的企业以及部分从事汽车保险定损业务的保险公司，它们在汽车后服务市场具有一定的代表性。我院前几届的汽车专业毕业生已有不少学生分别在这些行业就职，同时也是今后我院汽车专业学生就业的主要渠道。

（一）汽车行业人才现状分析

1. 调查结果分析

通过座谈、查阅资料、调查问卷等多种方式，调研组对被调研企业汽车专业人才现状进行了归纳统计。

1）人才需求岗位分析

（1）对人才需求问卷调查结果，如表1-1所示：

表1-1 人才需求问卷调查表

人才需求的岗位	大量	中等	一般	无
汽车维修	56%	26%	15%	3%
汽车销售	60%	25%	10%	5%
汽车检测	50%	22%	19%	9%
汽车售后服务		48%	37%	15%
汽车改装与美容		35%	45%	20%
汽车保险与理赔		40%	45%	15%

（2）企业希望学生重点掌握的知识、技术或技能

对企业希望学生重点掌握的知识、技术或技能问卷调查统计如表1-2所示：

表1-2 企业希望学生重点掌握的知识、技术或技能的问卷调查

知识、技术和技能	要求重点掌握的数量	知识、技术和技能	要求重点掌握的数量
汽车维修	23	汽车运用	13
汽车检测	25	汽车改装	7
汽车销售	21	汽车装饰美容	5

2）汽车运用与维修类人才的工作岗位分类

根据调研情况，我们可以把汽车运用与维修类人才分为这样几类：汽车维修、汽车检测、汽车售后服务、汽车改装与美容岗位。

（1）汽车检测与维修售后服务人才。汽车检测与维修人才是一些"四位一体""三位一体"品牌修理、连锁快修和专门维修企业所必须的，有较大的需求量。但随着汽车工业的不断发展，尤其是电子技术在汽车上越来越多的应用，对其在技术上的要求越来越高。只有这样，才能更好地满足社会和企业的需要。

所需知识与能力结构：掌握汽车构造原理与维修、汽车使用性能与检测、汽车电子控制技术、汽车运行材料、汽车新技术和汽车专业英语等理论基础知识和专业知识，且具有较强实践能力和技术应用能力。

这类汽车技术人才应通过大学本科或高等职业技术教育作基础培养后，经企业大量实际工作经验积累不断提高。

（2）汽车改装与美容人才。据调查显示，目前全国范围内的汽车装饰美容店存在的问题集中在以下几个方面：

①技术层次低，先进的养护美容技术由于各种原因得不到掌握推广。

②产品结构层次差。由于片面理解消费者，导致进货随意使产品积压，很多店还存着两年前的产品而导致结构不好，不能满足消费者的真正需求。

③营业水平较差而导致销售能力极低。

④店面综合管理水平差。包括店面形象设计、客户管理、人力资源、产品供销、售后服务等都缺乏完整有效的管理系统。

对于现代轿车和客车来说，车身的结构和外型已成为其档次的主要标志。结构形式再完美的汽车车身，在使用过程中产生损伤也是再所难免的，这样，车身维修、涂装、装饰及美容在现代汽车维修中的比重会越来越大，所以更好、全面、系统地掌握汽车装饰与美容技术对众多应运而生的汽车美容装饰面位就显得非常重要，因而这类人才的稀缺也就显而易见。目前一些汽车美容店这方面的从业人员大多没有系统的基础理论知识，也没有足够的实践能力和技术应用能力。

所需知识与能力结构：掌握汽车构造原理与维修、汽车使用性能与检测、车身的结构、车身的形状维修等理论基础知识和专业知识，掌握轿车和客车等车身修复、涂装、装饰、美容等技术，且具有较强实践能力和技术应用能力。

这类汽车人才可通过中等或高等职业技术教育来培养，企业也可依靠自身力量从具有一定文化素质的工人中培养。

（3）售后服务管理人才。汽车管理类人才是汽车行业中非常紧缺的人才，它不仅需要有扎实的汽车专业和企业经营管理经验及相关的基础知识，而且还需有一定的实践经验。就营销管理人才而言，他们既需要具备汽车营销的实战经验，还要懂得金融、保险、公关、售后维修、汽车保养等知识。只有这样，才能较好地为消费者服务，提供一条龙的优质服务。

所需知识与能力结构：掌握汽车结构和原理、汽车使用性能、汽车运行材料、汽车使用技术与管理等汽车方面的知识，同时还应掌握市场营销知识和企业管理知识。熟悉财会、金融、保险、公关等知识，具备"懂技术、善营销、会管理"的能力素质。

这类汽车人才应通过大学本科或高等职业技术教育做基础培养后，经企业大量实际工作经验积累不断提高，成为一名汽车行业的复合型人才。

以上是对汽车后市场的一些汽车技术人才做简单分析。汽车后市场指的是汽车生产下线之后的整个流通领域，包括了零部件销售、汽车咨询销售、汽车金融、汽车保修、汽车装饰与美容、二手车交易、停车业、汽车广告、汽车俱乐部等等一整个体系，随着时代的发展将会需要同时也将会出现更多类型的汽车专业人才。

3）汽车技术人才的学历结构

通过大量的调研数据统计分析表明，在汽车专业各类人才中：配件销售和装饰与美容人才大多为中专及以下学历；汽车营销人才，59.9%为中专及以下学历，33.6%为大专学历，仅有 6% 为本科学历，本科以上学历仅占 0.5%；维修与检测人才，47.9%为中专及以下学历，38.5% 为大专学历，12.6%为本科学历，本科以上学历仅占1%；管理人才，12.9%为中专及以下学历，36.7%为大专学历，47%为本科学历，本科以上学历占3.4%。

调查结果也显示目前企业维修人员的主要来源是熟练工人，这类人员主要拥有从业经验，一般未受过汽车维修专业系统化的教育与训练，随着汽车技术的发展，这类人员素质将是制约汽车维修行业整体服务质量的"瓶颈"。另外，在调查的一、二类维修企业中，初中、中职、高职及以上学历者的比例为28.5、38.2、33.2，而发达国家为20、40、40。由此可见，在维修企业中，高中以下从业人员的比例偏高，高职及以上从业人员的比例偏低。这样一种局面的改变必须依靠职业教育，尤其是高职教育。因此，专业群的建设和改革显得十分必要、十分迫切，也给汽车运用与维修类专业的发展提供了良好的机遇。

可以看出，目前汽车后市场的技术人才，学历层次仍然不高。因此，职业技术教育在汽车技术人才培养方面仍有可为。

4）汽车技术人才的来源渠道

调研数据还表明，企业现有汽车技术人才中，依靠企业自身力量培养提高的占22.5%，而直接从学校招收的学生占51.2%，从社会招聘占26.3%。这说明：

（1）职业院校学历教育培养的汽车技术人才很难完全满足企业的需要

无论是哪一学历层次学校毕业生，虽然具有一定的英语水平、计算机应用能力和有关汽车的基础理论知识，以及一定的动手能力，但由于在校期间难以积累成熟的操作、维修、管理经验，故难以真正满足企业对汽车人才的需求。

（2）对企业自身来讲，汽车人才的培养有一定的难度

这是因为，汽车产品的技术含量越来越高，加之计算机的发展和电子技术在汽车中的大量使用，仅靠企业自身的力量很难承受，传统的师傅带徒弟的培养方式或短期培训方式已不适应当今形势的需要。这就为职业院校进一步拓展办学功能、加强校企合作、实行"订单"式培养，提供了充分施展的舞台。

（二）汽车运用与维修类人才需求预测

1. 传统汽车机电维修人才需求基本饱和，但掌握电控技术的机电维修人才仍然缺乏，而且对学历知识结构层次的要求也越来越高

近几年来，随着中职、高职、技工学校、社会培训机构等对汽车专业人才的培养，以及汽车技术的成熟，汽车可靠性的提高，汽车机电维修人员的数量已基了汽车维修

类企业的需求，汽车运用与维修类方面的人才短缺的矛盾已不再凸显。但另一方面，汽车电子化的进程日益加快，目前对于掌握现代汽车维修检测人才缺口较大，所以迫切需要大量掌握现代汽车维修检测技术的汽车服务人才，尤其需要的是对汽车电控的维修与检测，如电控发动机、自动变速器等的检测与维修。因此，在汽车运用与维修职业教育课程体系中需提高汽车电控技术（包含汽车发动机电控系统检修、汽车底盘电控系统检修、汽车舒适系统检修、汽车整车电路分析及检修）等专业课程结构比例，提高人才培养层次。

2. 新能源汽车检测与维修人才需求紧缺，缺口大

近年来，新能源汽车的逐步推广并渐渐热销，特别是电动汽车的市场启动，其相关维修人才的缺口也逐渐加大，而目前开设相关专业和新能源汽车维修课程的院校较少，掌握新能源汽车维修检测技术的人才已成为市场上的需求热点。汽车维修类专业学生中职毕业后，有了汽车机电维修的基本知识，通过选拔进入高职院校继续深造，在新能源汽车检测与维修课程（包含新能源汽车概论、电动汽车检测与维修、混合动力电动汽车与维修等）等主干课程进行学习，在新能源汽车维修技能方面得到拓展，此方面的技能的培养，由于课程的难度和深度，更适合在在高职阶段完成。

（三）企业对汽车检测与维修专业中、高职毕业生的评价

调研以南通航运职业技术学院汽车检测与维修专业毕业生和南通中专部分毕业生为对象进行。在进行企业对高职、中职毕业生的评价调研时，采用了访谈和问卷调查方式，问卷发放对象为我系毕业生所在工作单位的人事、生产部门。共发放问卷45份，回收有效问卷45份，有效回收率为100%。

参与调查的用人单位中，有约90%的企业对专业毕业生的专业技能、吃苦精神给予了较高的评价，有85%以上的企业对专业学生的团结协作等综合素质给予了认可，有约13%的企业提出了强化学生分析判断能力培养的建议。从中可以看出，用人单位对专业学生的评价还是很高的。具体见表1-3所示。

表1-3　用人单位对汽车检测与维修人才培养的意见（用人单位问卷）

提出的具体建议	数量	比例
"坚持自身的优势和特色，抓好集成式的专业建设，开设精品课程"	2	4.17%
"拓宽学院的专业设置，增开跨学科专业选修课和公共选修课，打破专业和学院界限，整合全校本科教育资源"	6	12.5%
"实行学科交叉，培养社会需要、利于创新的复合型人才	14	29.17%
"为学生成长提供更为宽广的空间与多样化的选择，提高学生的竞争力与创造力团结协作精神"	18	37.5%
"培养学生的独立工作能力"	12	25%
"培养和造就创新型的人才必须具有国际视野和全球意识，具备国际交往的知识结构和跨文化的沟通能力。"	5	10.42%

续表

提出的具体建议	数量	比例
"培养适应未来世界的公民"	2	4.17%
"重视学生创新能力的发掘，发挥学生的主动性"	12	25%
"改变传统的师生关系，让学生与教师开展公开的自由辩论"	1	2.08%
"不可偏废娱乐、体育和课外活动。艺术对创造力的发掘有着重要意义"	1	2.08%
"不要把学生限制在校园内，营造一个开放的环境，让学生的精神和思想有充分发挥的机会"	6	12.5%
"注重课本知识与实际应用能力、操作能力相结合，积极参加专业实践活动和社会实践活动"	18	37.5%
"让学生尽量多接触社会，学会以一个社会人的眼光来看待和解决问题"	3	6.25%
其他	1	2.08%

二、汽车维修类专业中、高职教育情况调研与分析

目前，国内开设汽车维修类专业的中高职院众多。笔者所在院校——南通航运职业技术学院于1996年便开设了汽车专业。学院的汽车专业坚持以行业发展要求为导向、素质教育为基础，一岗多能和多岗适应能力培养为主线的人才培养目标，明确产、学、研一体化的专业办学方向，和"以产业促进专业建设，以专业推动产业发展"办学主导思想，以工学结合、订单培养，理实一体化教学培养模式，逐渐形成了具有一定特色的汽车专业。十几年来，在社会各界人士的关心支持和师生员工的共同努力下，已为社会输送了3000多名毕业生，活跃在汽车销售、售后服务、保险公司等相关行业，有数十人担任汽车4S站服务总监、服务经理、销售经理和保险公司客户服务经理，大多数毕业生成为企业的各部门业务骨干，得到了用人单位的一致好评。

学院汽车专业学生的就业前景非常乐观，但现有专业教育现状不能满足企业需求，毕业生数量远不能满足企业的发展需要，汽车检测与维修专业教育在总规模上与行业需求之间相距甚远。为了能进一步推动汽车维修类"3＋3"专业建设工作，又对同类院校进行了调研，同时也在院内开展了专项调研。

通过调研南京交通职业技术学院、无锡职业技术学院、上海交通职业技术学院、安徽交通职业技术学院、无锡汽车工业学校、南京交通技师学院等不同省市兄弟院校的办学优势和特色，并重点调研南京交通职业技术学院和无锡职业技术学院的中高职"3＋3"项目，以及安徽职业技术学院和安徽汽车工业学校牵头的汽车专业中高职衔接3＋2项目，通过比较各学院在汽车检测与维修专业的建设、人才培养等方面的情况，为汽车检测与维修中高职衔接专业人才培养的课程体系等改革提供必要的依据。

各院校在汽车专业人才培养方面，结合地区与自身优势形成各自特色的人才培养模式。但共性的是都体现并深化"校企合作"，按"工学结合"方式实施教学。

1. 调查思路和方法

思路：本次调查拟从教、学和就业三个层面，全面了解学院创新型人才培养的现状；方法有问卷法、访谈法。

2. 问卷的发放和数据统计

教师问卷：教师问卷共设计 12 个问题，其中 11 个选择题，1 个开放性问题；问卷发放对象为从事教学工作的一线教师，样本中具有本科及本科以上学历的教师占 87.3%，中级及中级以上职称教师占 57.7%；共发放问卷 51 份，回收有效问卷 43 份，回收率为 84.3%。

学生问卷：问卷发放对象为职业技术学院二、三年级专科在读大学生，随机抽取样本；共发放问卷 446 份，回收有效问卷 390 份，回收率为 87.4%。

3. 问卷调查的主要结果

第一，对汽车维修类专业人才的关注程度：从面向全校教师的调查中发现，我校教师表示"非常关注"的人数占 35.9%，"比较关注"的占 46.4%，"关注"的占 14.5%，说明在当前的社会大背景下，我校教师对汽车专业人才的关注度高。

在面向我校相关用人单位的调查中，有 50.00% 的用人单位认为现在的汽车维修行业最需要专业知识面广、动手能力强、具有实践能力的储备人才，56.25% 的用人单位最青睐动手能力强、注重实践方法的不断改进的学生（见表 1-4、表 1-5）。可见，目前用人单位对汽车专业型人才的关注程度也非常高。

表 1-4 现在的汽车类行业最需要什么样的储备人才（用人单位问卷）

选项	数量	比例
A. 具有良好的心态，踏实本分，专业技能较强	?	27.08%
B. 专业视野宽，判断能力强，具有实践能力	24	50.00%
C. 沟通能力强，兴趣爱好广泛，社会活动参与意识较强	3	6.25%
D. 专业理论基础扎实，钻研技术，擅长为参考决策提出意见和建议	8	16.67%
合计	48	100.00%

表 1-5 工作中最青睐哪种表现的学生（用人单位问卷）

选项	数量	比例
A、安分守己，认真完成领导布置的任务，等待下一个工作	2	4.17%
B、吃苦耐劳，实践意识强，注重工作方法的不断改进	27	56.25%
C、自我获取知识的能力较强，岗位适应性强	18	37.5%
D、自信心强，爱好广泛，身体素质好	1	2.08%
合计	48	100.00%

第二，我系汽车专业学生的专业意识和能力：在面向全系汽车专业学生的抽样调查中，有 42.75% 的学生认为自己性格开朗，易于接受新事物，22.75% 的学生认为自己精神自由、思维活跃；调查中也发现，71.58% 的学生经常注意专业动态，有

63.13%的学生经常与别人进行广泛交流，关注汽车行情发展的比例分别高达80.53%和91.58%，有60.51%的学生赞成越来越多的企业把汽车专业能力纳入招聘条件。可见我校学生易于接受新事物，思维活跃，有较强的专业培养意识。

第三，影响创新型人才培养的主要因素：

■综合分析

在教师问卷中，认为影响创汽车维修类专业人才培养的主要因素，排在前三名的分别是落后的管理机制（69.5%），封闭的信息沟通渠道（59.5%）以及缺乏实践能力训练（49.1%），表明被调查对象对学院现有的管理机制和信息沟通渠道不甚满意，尤其认为落后的管理机制严重影响和制约了创新型人才的培养（见表1-6）。

表1-6 影响创新型人才培养的主要因素（教师问卷，多选）

选项	人数（人次）	百分比	排序
（1）陈旧的教学模式	18	41.9%	5
（2）落后的管理机制	30	69.8%	1
（3）紧张的人际关系	6	14.0%	7
（4）有限的科研经费	15	34.9%	6
（5）狭窄的专业知识结构	20	46.5%	4
（6）封闭的信息沟通渠道	25	58.1%	2
（7）缺乏实践能力训练	21	48.8%	3

■具体分析

课堂教学层面：在课堂教学的原因方面，几个调查发现，既有教师的原因，也存在学生的因素。

在调查中，半数以上的学生认为，明智型的老师最有利于学生实践意识的培养，但有72.11%的学生认为，老师很少给学生实践意识的引导。学工部和团委的学生问卷中，有46.3%的学生认为课堂教学的"内容陈旧、缺乏新意"（见图1-1所示）；37.6%的学生认为

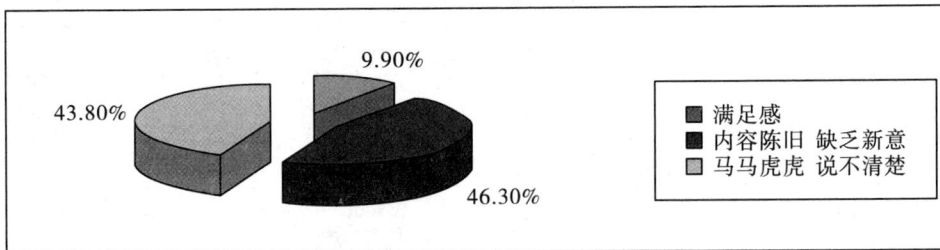

图1-1 对教师授课内容的评价（学生问卷）

导致同学上课不认真听讲的原因是"对该课程不感兴趣"，36.2%的学生认为"老师授课手段方式太陈旧"，17.1%的学生选了"听不懂"，只有9.1%的学生倾向于"喜欢自学"（见图1-2所示），可见，学生对教师的课堂教学内容、方法等还不是很满意。

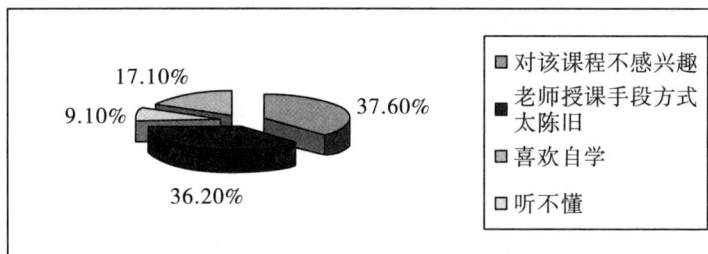

图 1-2　学生课堂听课不认真的原因（学生问卷）

在学生问卷中，在问及"大学老师的哪种教学方式对你掌握知识最有帮助？"时，有 35.6% 的学生选择了"师生互动型"，但仍有 29.8% 的学生选了"老师主导型"，从中可见，只有三分之一的学生在课堂中会尽量发挥自己的主动性和积极性；在问及"在老师的教与学生的学之间，你倾向于哪种？"时，有 70.6% 的学生选了两者都重要，最好二者互动。

学校管理层面：在调查中调查发现，学生对学校开展的一些专业实践活动了解不够，有 47.37% 的学生不清楚本校现阶段存在几个研究型社团。

家庭教育层面：在调研组的调查中，有高达 71.05% 的学生认为家庭环境对培养汽车专业兴趣有密切的关系，但是在家中和寝室中能经常讨论有关汽车维修行业的只占到 15.03%，说明家庭因素对学生专业兴趣的培养有一定影响，但是目前学生及其家长还未引起足够重视。

第四，关于培养汽车检测与维修专业型人才应采取的主要措施：

■教师意见

关于对学生进行汽车专业兴趣培养的问题，95.9% 的教师选择了"在各门课程中培养和发展学生的兴趣"（见图 1-3 所示）。可见，教师普遍认为，开设专门的介绍性课程并不是进行专业兴趣培养的最好方法；而在各门专业课程的授课过程中注意培养学生的兴趣力和加强实践教学显得更为重要，为培养专业型人才，必须对课程教学内容进行改革。

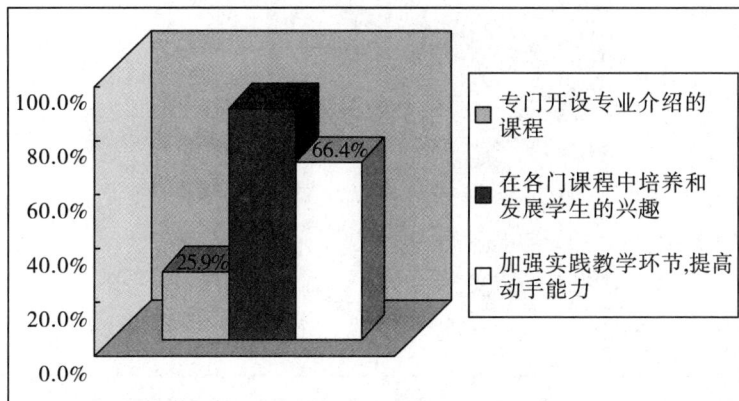

图 1-3　专业兴趣培养的有效方法（教师问卷）

关于培养汽车专业人才应采取的主要措施问题，大部分被调查对象选择了"实践能力培养"（见图1-4所示），反映出实践能力训练在专业人才培养过程中所起的重要作用，如何在各门课程中培养和发展学生的实践能力，或专门开设实践课程，应该引起我们的高度重视。

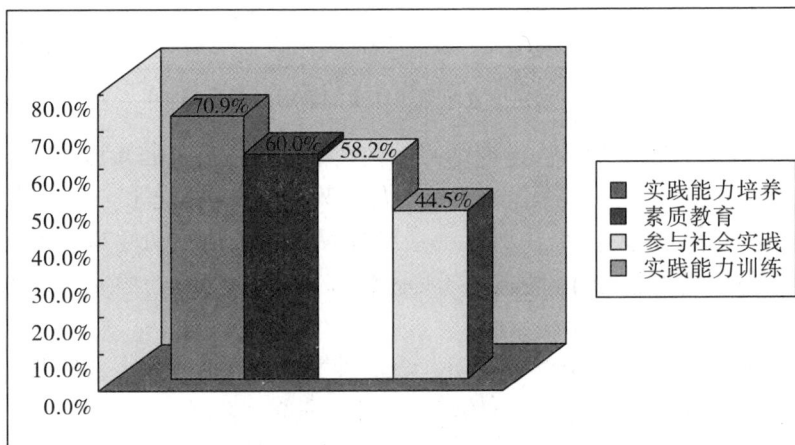

图1-4　创新型人才培养的主要措施（教师问卷）

关于同专业人才培养相适应的教学方法问题，调查结果见图1-5所示。我校教师认为同汽车专业人才培养最适应的教学方法是理实一体化教学，占78.2%，同时，情境教学法（73.2%）和项目教学法（55.0%）也较受推崇。理实一体化教学法体现了职业教育的宗旨，不失为一种行之有效的有利于专业人才的教学方法，在我校实际课堂教学中，理实一体化教学仍然偏少，需要大力推广。另一方面，仍有少部分教师选择了"'填鸭式'满堂灌"（4.1%），虽是少数，但也反映出部分教师习惯于"填鸭式"教学方法，需要进行反思。

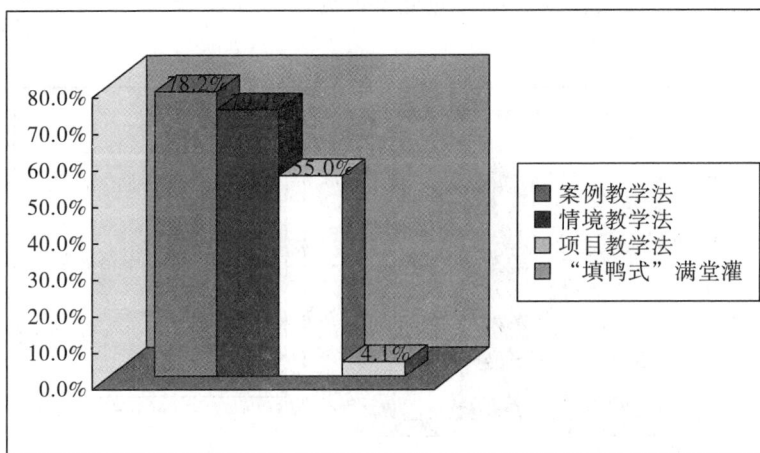

图1-5　同创新型人才培养相适应的教学方法（教师问卷）

关于考试方式问题，调查结果见表1-7所示。为培养专业人才的需要，改革现行的考试制度，以考核学生综合素质为主，促使学生增强专业兴趣培养的主动意识。必修课可考虑采用诸如案例分析、调研报告、动手能力测试等考试方式。

表1-7 同创新型人才培养相适应的考试方式（教师问卷）

选项	人数（人次）	百分比	排序
（1）开卷	15	34.88%	6
（2）口试	18	41.86%	4
（3）案例分析	31	72.1%	1
（4）小论文	26	60.5%	3
（5）调研报告	28	65.1%	2
（6）课程设计	18	41.86%	5

关于改进教学管理问题，调查结果见图1-6所示。表明当前的教学管理存在一些不尽如人意的问题，回避不是解决之道，允许犯错误，但不允许不改革。大部分教师都主张要在教学改革、教学质量评估、教师业务考核等方面建立激励机制，鼓励教师积极主动地进行思考、探讨、钻研，大胆进行开拓创新活动，以培养专业创新型人才。

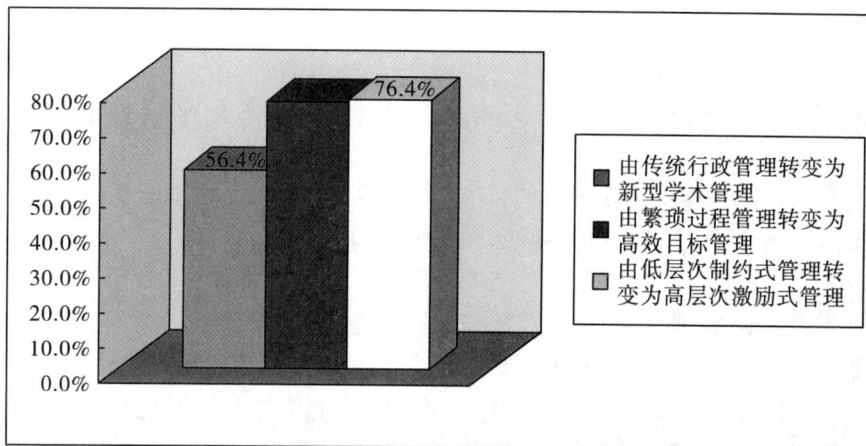

图1-6 同专业创新型人才培养相适应的教学管理（教师问卷）

■学生意见

在调研组的调查中，有64.74%的学生认为：学校很有必要开设一门培养汽车专业兴趣的课程，并且81.58%的学生期望学校能重视通过实践获得创新学分。从调查中能得出这样的结论：现在的考试制度是培养创新能力和实践能力的主要障碍。学生对于学校呼吁较多的问题是：第一、他们认为一所高校对学生的创新能力培养最需要的是良好的学术氛围，这一项占到了76.84%；超过70.53%的学生对我校这方面的培养工作仅持一般的满意程度。

在团委和学工部的调查中，回答开放题"面对当前社会对汽车人才的需求状况以及高校的发展趋势，你认为我校在人才培养方面应采取哪些措施？"的545名学生中，最关注的措施分别是专业知识学习（286人次）、实践（102人次）和学生管理（96人次），具体建议为：

在学生管理方面：应注重学生的道德培养和性格塑造，提高学生的自主创新意识，努力持续支持学生个性化的发展，尊重学生的兴趣，并激发学生的学习热情，完善奖励制度，提高奖学金，在校园内形成一个公正、平等、竞争的成长环境，加强学生面对社会的心理健康教育，培养健康向上的心态。不要将应试教育思想灌输到学生脑中。提供充分自由的空间，合理引导学生向自己的目标前进，对一些陈旧的校规适当改革。

在专业知识学习方面：加强专业化的授课，有针对性地培养人才。多增加学术和就业方面的培训和讲座，鼓励学生进行课题研究和案例模拟，并给予一定指导，提供更多的平台给学生表现自己的机会。可能的话邀请专业人士来我校开设讲座，举办相关主题活动，引起学生探究的兴趣，尊重学生的选择，对偏科的学生进行学习的引导，开展学习研究。学校应该开设第二专业，可以选择与自己本专业完全不同的第二专业，这样有助于以后的就业。

在实践方面：应多组织社会实践，让学生早一点踏入社会、了解社会、融入社会，提供一些能到大企业参观的机会。开设人才培养方面的讲座，多搞些模拟招聘会等等之类的活动，让学生了解社会就业趋势以及社会人才的需求种类。支持学生创业。打破陈规，拓宽格局，自主分层教育，提供适合不同学生的讲座及文化活动，满足不同需求层次。

三、汽车维修类专业"3+3"中高职衔接人才培养调研分析

1. "3+3"汽车维修类专业人才培养目标与专业岗位定位要进一步细化

根据以上调查结果，目前许多高职汽车维修类专业培养目标与专业岗位定位还是基本符合汽车维修行业发展需求的，主要问题是，学生所学的实际知识是否能在企业生产中真正得到应用，学生的实操技能是否符合企业要求。因此，对"3+3"汽车维修类专业，时间跨度大，对岗位能力要求要高于普通中职与高职汽车检测与维修专业要求。我们建议将"3+3"汽车维修类专业的岗位定位进一步细化，增加汽车专项，如自动变速器、汽车空调维修检测等岗位，增设新能源汽车维修检测岗位。在专业能力培养上侧重于故障诊断分析能力、现代仪器操作能力、维修动手能力、维修技术管理能力、维修接待能力和自主创业能力等技能培养。

2. 专业课程设置要进一步调整与整合

（1）加强培养目标定位的针对性，根据汽车企业紧缺岗位职业能力的要求设置课程和确定教学内容。与企业对接，与行业的发展趋势对接，按照岗位要求设置课程体系及教学内容。

（2）整合课程体系。在专业知识和专业技能方面，要加强故障诊断分析能力方面的训练。增加相关技能方面训练的实践课程，训练过程实施企业项目化教学、教学生产化要求及管理。对于部分实践性很强的核心课程，引入企业技术人员教学与训练。

（3）增加部分拓展课程，提高学生综合素质。增加一些心理课程、职业生涯规划、交际与沟通、项目开发等相关课程，培养学生综合素质及能力；同时强化实训过程企业化生产管理模式，培养学生爱岗敬业、吃苦耐劳的作风。

3. 人才培养模式与教学方法要不断创新

（1）根据行业发展趋势及学院的特点，开展人才培养模式创新研究，逐步摸索出一条具有造船行业特色、具有鲜明地域特点且适合汽车检测与维修专业发展的人才培养模式。

（2）今后课程教学方式要实现多样化。包括：理实一体化、仿真实训、综合实训、企业现场教学、企业兼职老师授课。

（3）强化实践环节。一方面，核心技能的实践课程课时要增加、采用项目式教学、企业化生产管理和要求；另一方面，采取兴趣小组培养模式，组织学生成立相关兴趣小组，参与到汽车实训项目开发与企业生产化经营中，鼓励学生边学习边生产边创业模式。

（4）开展课证融通教学。为提高学生的实践动手能力，使学生到企业后具有直接顶岗能力，我们要探讨"职业证书"制度的实施方案，从教材选择、教学内容等方面，将学业证书与职业资格证书有机结合。

4. 汽车检测与维修专业相关师资与实训条件配置建议

汽车维修类专业是操作性和应用性都较强的专业，要求教师能具有丰富专业知识和企业生产实践经验，而且需要有现场良好的实训基地来实现生产实践过程。目前各院校本专业具有企业多年丰富经验的教师比例少，对师资的培养及建设非常重要，汽车检测与维修专业的实训基地建设力度要加大，因此，对汽车检测与维修专业师资与实训条件配置意见如下：

（1）专业教师在完成个人教学任务的同时，鼓励教师业余时间深入企业锻炼、学习，多参与企业生产工作，要注重个人专业技术能力、业务能力的提高，从而更好的开展教学。

（2）加强"双师素质"师资队伍建设。根据行业的技术现状、专业发展的需求和教学工作的需要，积级培养"双师素质"专业教师，采取得力措施支持教师参与企业实践，提高他们的专业实践能力，创造条件选送教师出去进修，尽快建立起一支整体结构优化、具有良好的专业素养和知识结构的专业师资队伍。

（3）目前各院校校内实训基地设备较齐全。可根据专业建设需要增加汽车检测实训设备。更重要的工作是要充分调试好所有的设备，以项目开发形式，将实训设备充分利用，提高使用率。同时合理安排课程，在近似生产过程中完成教学与训练。中高职实训基地要能实现资源合理分配与共享，优化资源利用。

（4）加大校外实训基地的建设工作，要和合作企业共研教学计划，建好"厂中校"，满足学生认识实习、生产性实习及顶岗实习的教学要求。

四、调研主要结论

（1）汽车维修与检测专业"3+3"中高职衔接人才培养方案要随着国家产业、行业发展和管理政策规定的变化而调整，要立足于学生知识结构基础、能力递进发展规律、和岗位职业素养的基本要求来制定。

（2）企业对汽车检测与维修技术人才需求仍然旺盛，且对学历、能力及职业素养的要求也越来越高，尤其需要的是对"汽车电控技术方面"的检修能力提出更高的要求，课程体系要加大"电控"的课程训练。

（3）新能源汽车检测与维修人才需求缺口大，建议开设新能源汽车检修相关课程。

（4）汽车维修业成为"民心"工程，品牌连锁快修是未来汽车维修业的重要组成形式，个体创业的的比例逐步提高，成为发展趋势，建议开设相关创业指导、汽车专项维修和管理等课程。

（5）工学结合、校企合作是人才培养的重要方式，建议创新实践工学结合人才培养模式。

（6）在教学方法上，要打破教师为中心的传统教学模式，突出以学生为主体、教师为主导，开展以任务为中心的互动式教学，对不同类型课程和不同的学生采用不同的教学方法和合理的教学手段，因材施教，实施"行动导向教学法"。

参考文献

［1］高原．我国中高职衔接研究综述［J］，中国职业技术教育，2004（6）

［2］陶国擎．高等中等职业教育衔接研究［M］．青岛出版社，2000

［3］刘育锋，欧阳河，蒋莉，OanhPhan. 中澳中高职衔接比较研究［M］．长沙：湖南人民出版社，2003

［4］耿金岭．中等职业教育与高等职业教育衔接研究［M］．合肥：中国科学技术大学出版社，2008

［5］董绿英．国外主要发达国家与我国中高职衔接模式比较［J］．柳州职业技术学院报．2004（9）

［6］黄日强，邓志军．国外中等与高等职业教育的衔接［J］．外国教育研究，2003（12）

［7］武佩牛．论中职教育和高职教育的衔接模式［J］．高等职业教育，2007（4）．

［8］刘育锋．论我国中高职衔接的模式［J］．职业技术教育，2002（10）

［9］张金英．中高职衔接的"接口"和"通道"探索［J］．中国职业技术教育，2011，（20）

［10］陈在铁．3＋3中高职衔接课程体系建设机制创新研究与实践［J］．中国职业技术教育．2015（18）

［11］鲍建成．"3＋3中高职衔接项目"课程体系建设研究［J］．长春教育学院学报．2015（18）

［12］钱娴．江苏省旅游管理专业中高职"3＋3"分段培养课程体系衔接的分析与思考［J］江苏教育研究．2015（33）

［13］李贵炎，杨益明．中高职衔接"3＋3"分段培养实例分析——以汽车检测与维修技术专业试点项目为例［J］．江苏教育研究．2014（03）

［14］鲁昕在促进中等和高等职业教育协调发展座谈会上的讲话［Z］．2011．

［15］柳燕君．北京市中高职教育衔接模式的研究［J］．中国职业技术教育，2010（16）

［16］朱雪梅．我国中职与高职衔接研究述评［J］．职业技术教育，2011，（7）

［17］李全奎．中高职衔接问题的研究［J］．天津职业院校联合学报，2011，（3）

［18］林晓丹．新办地方本科院校建构教育质量保障体系探析［J］．哲理，2010，（15）

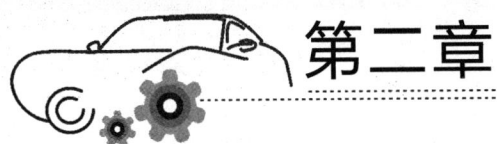

第二章

课程体系的构建及人才培养方案的制定

第一节

中高职衔接教育的课程体系构建的思考借鉴

中高职衔接的关键点与难点均在课程设计，其课程设计相对于一般的职业教育课程设计有着许多特有问题，主要包括中高职衔接的课程体系是需要重新规划还是只需在现有课程体系基础上进行重组？中高职衔接的课程体系应按知识内在逻辑还是能力发展逻辑展开？整个课程体系应进行彻底的一贯制设计还是应保持中高职课程各自的相对完整性？

一、课程设计的路径

中高职衔接课程体系的设计，首先涉及的是其形成的路径问题，即按照什么思路与步骤形成课程体系。目前，许多中高职衔接的课程体系是按以下两种路径形成的：

（1）对照式路径，即把现有的中职课程体系与高职课程体系进行对照，然后通过对重复部分的合并或删减形成中高职衔接的课程体系。大多数中高职衔接的课程体系是按照这一路径形成的。

（2）下延式路径，即以高职课程体系为最终的目标基准，把其中一部分中职能够承担的课程下移到中职，形成中高职衔接的课程体系。

在中职与本科衔接的课程体系中这一路径体现得尤其明显，因为本科课程体系与中高职课程体系在设计思路上有重大区别，因而当把中职与本科进行衔接时，若不深入研究课程体系的设计，便很容易陷入这一路径。

在一些专业性强的高职专业中，当进行中高职衔接时有时也会出现这一路径。无论是对照式路径还是下延式路径，其中高职衔接的课程体系都是在现有课程的基础上形成的，也就是说通过中高职衔接后，并没有在现有课程的基础上产生新的增量。这当然也能达到减少课程重复、提高人才培养效率，以及为中职学生提供更多生涯发展进路的目的，却不能实现中高职衔接更为重要的目标，即提升人才培养的目标水平，发展学生更为重要的技术能力，而后者恰恰是美国"技术准备计划"的重要目标追求。《卡尔·帕金斯职业与应用技术法案》界定了"技术准备计划"的多个目标，包括就业、升学、终身发展、提高技术水平和教育效率等；而技术准备课程的重要目的是"为学生从事诸如工程技术、应用科学、农业、健康或应用经济中的某种职业提供技术准备"，因而在美国"技术准备计划"的相关文本中我们会看到，"技术技能"是出现频率非常高的一个概念。

建立中高职衔接的最为重要的目的，应当是通过长学制的人才培养模式，培养兼具扎实的专业理论知识与娴熟的技术技能的技术型人才。这种人才培养在传统的中职教育或高职教育中均无法实现。中职教育由于受到教育层次与教育年限的限制，无法承担这类人才的培养，而高职教育尽管在教育层次上已属高等教育，但由于在专业教育上学生仍然处于零起点，必须花费大量时间进行基础技能训练，因而也难以达到以上人才培养目标。通过中高职衔接对课程体系从中职到高职进行一贯制设计，则有利于避免这些问题，大幅度提升人才培养的目标定位。既然如此，那么中高职课程体系的设计，就不能是对现有课程体系的简单重组，而是必须以中高职衔接后的长学制为基础，根据人才培养总体年限重新规划人才培养目标，后再依据所确定的人才培养目标进行课程体系设计。这一人才培养目标定位，应当把中高职教育分段所无法实现的目标，尤其是技术能力的培养纳入其中。

二、课程展开的逻辑

展开的逻辑，指职业教育不同类别课程之间的编排思路。职业教育课程类别的划分因课程理念不同而有所不同。传统的课程类别一般包括文化基础课程、专业基础课程与专业课程（含专业理论课程与专业实践课程）。

近年来，职业教育课程改革中盛行理论与实践一体化理念，按照这一理念，职业教育课程类别可划分为文化基础课程、专业理论课程与职业能力训练课程。

专业理论课程的功能是让学生学习相对完整的专业理论知识，职业能力训练课程的功能是训练学生的各专项能力与综合能力，其中也包括与能力训练相关的理论知识的学习。基于三类课程的划分，传统的职业教育课程展开逻辑一般称为三段式，即依据三类课程把职业技术人才培养过程划分为三个阶段，并按照从文化基础课程到专业理论课程再到职业能力训练课程的顺序逐步展开。这种课程展开顺序所依据的是所谓的知识内在逻辑关系，其理论假设是认为文化基础课程是学习专业理论课程的基础，而专业理论课程是学习职业能力训练课程的基础。"三段式"课程的特点与实践导向课程模式完全相反，它是学问导向的。

目前多数中高职衔接的课程体系仍然是按照三段式课程展开逻辑编制的，这种课程体系已产生了一个明显的问题，即许多繁难的专业理论课程被集中到了中职教育阶段，甚至是中职的低年级。按照三段式的思路，这一结果是必然的，因为5年甚至是6年的长学制人才培养目标的达成，需要非常厚实的理论知识为基础。然而，以中职学生的学习能力水平，要其为高职阶段的职业能力训练奠定理论知识的基础，是完全违反人的心理发展规律的。即使学生具备了这种学习能力，对长学制来说三段式课程展开顺序也是极不适合的，因为它会导致相关内容在学习时间上间隔太久。

课程展开顺序确定的基本依据是人的心理发展逻辑，这已是近代以来教育理论的一条基本共识。人的心理发展逻辑一方面意味着职业能力的形成是一个多要素交织互动的综合发展过程，其发展的每个阶段都需要相应的文化基础知识与专业理论知识作为支持，而相应文化基础知识的学习，尤其是专业理论知识的学习，也需要以相应的职业能力发展水平为基础；另一方面，这一原理也要求我们必须认识到，中高职教育阶段仍属人的认知能力发展、变化非常迅速的阶段，这 5 年或 6 年时间，足以让一位学生从仅能初步接受专业基本概念的阶段，发展到拥有较为完整的专业知识、能解决一些常见技术问题的阶段。这两个方面的原理与三段式课程展开顺序显然都是相反的，后者所考虑的只是知识本身，却没有充分考虑到人是如何接受知识，进而发展能力的。

中高职衔接课程体系的合理展开顺序应当以学生的职业能力发展逻辑为依据，其课程体系设计首先应当根据学生的职业能力发展水平划分人才培养阶段，在每个阶段中均应根据职业能力形成的需要安排相应的文化基础课、专业理论课与职业能力训练课。按照这一思路，现有中职或高职课程体系中的某些专业理论课程与职业能力训练课程，可能需要根据学生的职业能力发展水平进一步进行拆分，并逐级编排。在这一思路下，中高职衔接的课程体系不再是按照从理论到应用的逻辑进行编排的，而是按照从简单能力到复杂能力的顺序编排的，理论知识也是按照从简单到复杂的顺序编排的。这种编排逻辑既能充分适应学生的学习能力水平，又能照顾到不继续升入高职的学生对理论知识的需要，并确保中职阶段的专业课程能形成相对完整的体系。

三、课程分段的处理

中高职衔接是完全一贯制还是保持中高职的相对完整性？既然是衔接，就必然存在中职段与高职段课程的分段处理问题。

对于这种改革，有些省份称为中高职贯通，它希望实现中高职在学制上的完全贯通，课程上的完全一体化设计；但是这只能说是个目标，因为只要中职和高职两个阶段的教育是分别在中职学校和高职学院进行的，即只要两个阶段的教育是分别由两个办学层次的不同教育实体承担的，就不可能实现完全贯通。比如，我们如何能保证所有中高职贯通班的学生都具备升入高职学习的能力？如何能确保所有这些学生都愿意升入高职学习？事实上，中高职贯通都需要对学生进行一次筛选，既然如此，就不存在完全的贯通。就课程而言也不可能完全实现贯通，这一方面是由于中职教育与高职教育是由两个教育实体承担的，他们基本上不可能做到对课程内容进行彻底的协商以至达到完全贯通要求，另一方面是由于中职和高职两种不同办学层次的教育有着不同的教育管理要求，而这必然会限制两者之间的完全贯通。

无论是称作中高职衔接还是中高职贯通，许多人才培养方案中的课程体系都是一贯制设计的，即把 5 年或 6 年作为完整的学制，从入学到毕业对课程按照线性递进顺序进行一体化设计。然而，这种中高职衔接课程体系的完全贯通化设计不仅是不可能的，也是不合理的。因为在中高职衔接中，并非所有学生都一定会升入高职学习，这既可能是由于学生个体的学习取向原因，也可能是由于学生学习能力制约的原因。

既然如此，那么在课程设计中就必须考虑：如何满足那些没有升入高职的学生的课程需要？如何确保其所受的教育具有相对完整性？彻底、合理的办法是在实现中高职课程衔接的同时，兼顾中高职课程各自的相对完整性，尤其要充分考虑中职课程的相对完整性：

（1）中高职的文化基础课程各自应该是完整的，能达到各自教育层次对文化基础课程的要求，高职的普通文化课程既不宜并入到中职的普通文化课程中，也不宜提前到中职教育阶段。

（2）中职阶段的专业课程应具有完整性，能满足学生直接就业的需要。在独立进行的中职教育中，由于考虑到学生直接就业的需要，其课程体系必须充分考虑专业理论知识的深度和岗位定向的广度，相比之下，中高职衔接的中职阶段课程在专业理论知识要求上可适当降低，在岗位定向的广度上也可以适度缩小，因为其专业理论知识的拓深、岗位定向广度的拓宽与提高可放到高职阶段去完成。这种以中高职课程相对完整性为取向的课程设计，不仅不会因为课程未能做到完全一体化而降低了中高职衔接的实现水平，恰恰相反，这正是中高职衔接相比五年制高职的优越性所在。

如果对中高职衔接进行一贯制课程设计，那么举办中高职衔接就如同五年制高职一样。事实上，相比五年制高职，中高职衔接具有学制上更加灵活的特点，既然如此其课程体系设计就必须充分保留这一特点。

第二节

汽车维修类专业"3＋3"中高职衔接课程体系的构建

一、课程体系构建的汽车行业背景

能源、气候、环境和资源与一个国家的国计民生息息相关，如何解决与之相关的问题也决定了人类社会能否可持续发展。汽车产业是国民经济的重要支柱产业，在国民经济和社会发展中发挥着重要作用，但又是能源消耗和废气排放的重要源头。随着国民经济持续快速发展和城镇化进程加速推进，今后较长一段时期汽车需求量仍将保持增长势头，由此带来的能源紧张和环境污染问题将更加突出。近十年来，在与交通运输相关的研究开发领域，人们致力于加快培育和发展高效、清洁和安全的运输工具。

以电动汽车、混合动力电动汽车和燃料电池车为代表的新能源汽车，已被代表性地提议为日后用以替代传统车辆的运输工具。

自 2001 年起，新能源汽车研究项目就被列入国家"十五"期间的"863"重大科技课题，经过十年的研发和市场培育，2010 年 9 月 8 日，国务院审议并原则通过《国务院关于加快培育和发展战略性新兴产业的决定》，新能源汽车被确定为我国的战略性新兴产业并将在今后加快推进。2012 年 6 月我国制订了《节能与新能源汽车发展规划（2011－2020 年）》，它成为新阶段引领我国新能源汽车产业发展的重要政策。2015 年，国务院印发《中国制造 2025》，这是中国版"工业 4.0"规划，规划中明确 9 项战略任务，突破十大高端领域，其中新能源汽车就被立为十大重点领域之一。近年来，以北汽、比亚迪、奇瑞、江淮等一批自主品牌为代表的纯电动汽车和混合动力电动汽车已开始活跃在汽车市场。我国新能源汽车经历了最初发展阶段的举步维艰，2015 年，新能源汽车产销量已突破 30 万辆，累计产销近 50 万辆。在全球新能源汽车超过 50 万辆的年销量中，中国市场的贡献超过一半。我国已经超越美国成为全球最大的新能源汽车生产国和第一大市场。

我国新能源汽车经过十余年的研究开发和示范运行，虽已初步具备产业化发展基础，电机、电子控制和系统集成等关键技术也已取得明显进步，纯电动汽车和插电式混合动力汽车开始小规模投放市场；但与先进水平相比，新能源汽车整车和核心零部件技术，特别是电池技术尚未突破，产品成本高，配套体系不完善，产业化和市场化发展受到制约。

为应对日益突出的燃油供求矛盾和环境污染问题，世界主要汽车生产国纷纷加快部署，大力发展和推广应用汽车节能技术，将发展新能源汽车作为国家战略，加快推进技术研发和产业化。节能与新能源汽车已成为国际汽车产业的发展方向，未来 10 年将迎来全球汽车产业转型升级的重要战略机遇期。目前我国汽车产销规模已居世界首位，预计在未来一段时期仍将保持稳步增长。但新能源汽车产业快速发展的背后则带来后市场中售后维修人才培养的滞后，且培养周期较长，新能源汽车售后维修专业人才的质量与数量明显不足。因此，在传统汽车与新能源汽车共存的汽车工业发展新常态下，如何培养具备传统汽车维修检测与新能源汽车维修检测的综合能力的汽车维修类专业人才是当前汽车职业教育迫切需要解决的问题。

二、课程体系构建原则

中高职衔接培养的总体目标，以及不同阶段的培养目标、人才培养规格的确立是进行有效的中高职课程衔接的逻辑起点。前者确定培养什么样的人才，后者规定能达到的能力水平。在此基础上，着手进行衔接一体化设计。中高职衔接的关键是课程的衔接与一体化设计，课题组确定以"基于行动导向的三层次能力递进培养原则"作为课程体系构建的出发点与目标点。这一原则包含三重含义，一是基于职业行动能力的分级培养目标；二是强调能力的递进培养，三是突出可持续发展行动能力与创新创业能力的培养。具体为以下几方面。

（1）"以建构主义为理论基础，以职业能力递进发展规律为主线"，构建与岗位能力相匹配的课程体系。在进行课程体系设计时，遵循能力递进发展和可持续发展原则，梳理与汽车后市场工作岗位相匹配的职业能力发展逻辑顺序，按照由简单到复杂的工作能力进行顺序排列，设计以通用能力、专项能力和拓展能力发展顺序的框架体系，并以此为课程方案设计依据，力求把通用能力方面的课程做"实"、专项能力方面的课程做"精"、拓展能力方面的课程做"宽"。

（2）"结构与内容层次递进、目标与评价系统完整"的课程结构创新。打破基础与专业、理论与实践的明显分界。根据企业职业活动，按照工作岗位的发展、工作任务和职业能力要求来构建课程体系和教学内容，这样能避免中、高职培养目标界定不清和课程内容重复等问题。既要保持中、高职两段的相对独立性，又要保证衔接课程体系的系统性，按照"项目引领、层次递进、系统完整"的结构模式整合课程内容，明确各课程相应的学习阶段、学习内容和评价目标等。

（3）"以现代汽车电控技术＋新能源汽车维修检测"两个方向作为高职阶段人才培养提升的重要目标，适应汽车电控技术高度发展和新能源汽车发展的需求及区域发展需要。

在"3＋3"的分段培养模式中，前三年的中职阶段侧重于经验层面上操作技能的培养，主要培养学生"机"方面汽车保养、机电维修方面的的基本技能。后三年的高职阶段侧重培养策略层面的职业能力，主要体现为技术应用能力、统筹能力和创新能力等，培养学生"电"（电控技术、电动汽车）方面的维修检测能力以及汽车综合检测能力。当然不同层级之间没有绝对的界限，只是有主辅之分。

（4）针对学生个性特点和个性化发展需求，因材施教，课程设计体现如何实现能力的可持续性发展和如何培养学生创新和创业的能力。

三、"3＋3"中高职教育衔接方案

按照以上课程体系构建原则，实施"三个衔接"，即培养目标衔接、课程体系与内容衔接、技能证书衔接。

1. 培养目标的衔接

中高职衔接（6年学制）培养总体目标：主要是培养汽车（含内燃机动力的传统汽车及含电驱动的新能源汽车）维修服务一线的"汽车医生"，具体目标是培养面向汽车后市场，具有良好思想品德和职业道德，掌握扎实的专业理论知识，具备汽车总成检修能力、汽车性能检测能力、汽车故障诊断与排除能力，在汽车维修生产一线主要从事汽车性能检测与故障诊断排除或技术生产管理的技术技能型人才。中职阶段（3年学制）主要是培养传统汽车（以单一内燃机为动力）维修服务一线的"汽车护士"，并具备可持续学习和能力递进的基本知识结构。具体而言，即培养面向传统汽车后市场，具有良好思想品德和职业道德，掌握必备的基础理论知识，具备传统汽车总成拆装与调整能力、维护与保养能力，在传统汽车维修生产一线主要从事维护与保养工作的高素质劳动者和中等技术技能型人才。

2. 课程体系与内容衔接

通过项目研究的中职学校、高职院校和企业三方的多次的研讨，最终明确学制模式为：实施工学结合的 6 年 12 个学期（"5 + 0.5 + 5 + 1.5"）其中第一个"5"为中职在校阶段的 5 个学期，第二个"0.5"个学期的校外实训基地的汽车维护保养、维修接待等生产性实训，第三个"5"为高职在校阶段，第四个"1.5"为企业顶岗生产性实习阶段，并在此基础上构建中高职课程衔接。课程衔接包含课程体系的衔接和课程内容的衔接两个方面，专业课程体系的衔接是中高职衔接的关键。在专业课程的衔接中，目前基本上有两种模式：一是横向扩展，即学生在各阶段获得不同工作领域的职业资格，但高职获得职业资格的层次并不一定高于中职，主要适用培养复合型人才；其二是纵向延伸，即学生在各阶段都能获得相同或相近工作领域的职业资格，且高职获得职业资格的等级要高于中职。

基于本项目提出的人才培养目标定位，设计了一体化课程体系架构。如图 2 所示，专业课程的衔接上实现纵横拓展，即在传统汽车（内燃机动力）的维修领域，专业课程采取纵向延伸，在传统汽车的机电维修方面向电控技术方向延伸和深化。另外通过专业课程的横向扩展，使学生在新能源汽车领域具备基本的维修检测能力和上岗资格。

在保证一体化课程体系完整性和贯通性基础上，对原汽车运用与维修专业的中职课程进行了适当调整，但又保持了中职阶段课程体系的相对独立性，使得通过中职阶段的学习仍然能够获得相应的职业能力和专项技能，适应相应的岗位需求。但是高职阶段的课程体系是建立在中职的课程体系的基础之上，不具备独立性，这同原有 3 年制的高职汽车检测与维修技术专业课程体系截然不同。中高职衔接主干课程如表 1 所示。主要特点有：

（1）中职阶段的基础上加强了学生的数学课程和汽车机械基础课程，将数学由 200 课时提高至 348 课时，将汽车机械基础（含机械制图）由 160 课时提高至 216 课时，高职阶段开设的汽车机械基础增加汽车液压与气压传动，并强化了汽车机械部件的失效分析等内容。

（2）中职强化了汽车电工电子技术基础课程，开设课时 144 课时，高职汽车电工电子课程中增加电力电子的教学内容，为新能源汽车专业课程建立基础。

（3）汽车发动机构造与维修、底盘构造与维修和汽车电气设备构造与维修三门课程集中在中职阶段开设，汽车空调系统维修，高职阶段不再开设。教学内容也进行了调整，侧重于汽车的结构原理、拆装和维护及简单机电系统的检测维修。自动变速器维修等内容作为高职的专项技能培养课程，高职阶段加强了汽车电控系统检修类的课程，侧重汽车性能检测与元件检测、故障诊断与排除。

（4）高职阶段开设新能源汽车技术概论、混合动力汽车结构与维修和纯电动汽车结构与维修专项课程和相应的实训项目，使学生能够熟练进行新能源汽车养护作业、市场主流品牌的纯电动汽车及混合动力电动汽车的结构拆装、检测、故障诊断与修复，培养学生具备在新能源汽车方向的维修检测能力。

表 2-1　中高职衔接主干课程一览表

序号	中职课程	高职课程	对接类型
1	汽车电工电子	汽车电工电子	进阶课程（高职：含电力电子，新能源汽车课程专业基础课程）
2	汽车机械基础	汽车液压与气压传动	衔接课程
3	发动机构造与维修	汽车发动机电控系统检修	衔接课程
4	汽车底盘构造与维修	汽车底盘电控系统检修	衔接课程
5		汽车自动变速器检修	衔接课程＋专项技能
6	汽车电气设备构造与维修	汽车车身电控系统检修	衔接课程
7	汽车空调检修		专项技能
8		新能源汽车概论	
		混合动力汽车结构与检修	能力拓展课程
9		纯电动汽车结构与维修	能力拓展课程
10	汽车维修中级工考证训练	汽车维修高级工考证训练	能力进阶训练
		汽车维修电工考证训练	能力进阶训练
		电工上岗证考证训练	能力拓展与进阶训练

3. 技能证书衔接

汽车维修类专业学生在中高职教育不同阶段应具备相应的的技能等级，并获得相应的技能等级证书。根据企业调研，建议 6 年制的"3+3"汽车维修类专业毕业生应持有汽车驾驶证、中/高级汽车维修工证、汽车维修电工中级证以及相应的计算机操作等级证和大学英语三级证等职业技能证书，作为新能源汽车培养方向还应取得电工上岗证。结合毕业生应该获得双证书的要求，分别在中职、高职教育阶段加以实施、考核、获证。中职阶段应取得的证书为汽车维修工中级证书和计算机证书，高职阶段应取得的证书为汽车维修工高级证书、英语应用能力证书，汽车驾驶证、电工上岗和汽车维修电工证书也建议在高职阶段取得。

第三节

人才培养方案的编制

一、人才培养方案编制原则

人才培养方案是高职院校培养专门人才的总体设计，是学校组织教学、实施教学管理、实现专业培养目标的重要依据，也是学校教学管理工作的指导性文件。人才培养方案要体现高素质技术技能型人才的培养规格，具有相对稳定性，又要根据产业结构调整和经济社会发展的新情况，适时进行调整和修改。

（一）指导思想

全面贯彻落实《国家中长期教育改革和发展规划纲要（2010—2020）》《高等职业教育创新发展行动计划（2015—2018 年）》《国务院关于加快发展现代职业教育的决定》《教育部关于全面提高高等教育质量的若干意见》等文件精神；以就业为导向，以提高学生的综合素质与就业竞争力为目标，树立现代教育观念，科学合理地构建课程结构体系，不断提高教育教学质量，培养适应生产、建设、管理第一线需要的，具有创新精神、创业意识和较强实践能力的技术技能型人才。

（二）基本原则

1. 主动适应经济社会发展需要

深入学习、贯彻落实教育部及教育厅关于高等职业院校人才培养的各类文件精神，广泛开展社会调查，注重分析和研究社会主义市场经济建设与社会发展中出现的新情况、新特点，特别要关注本专业领域技术的发展趋势，努力使人才培养方案具有鲜明的时代特点，体现前瞻性；同时，要遵循教育教学规律，妥善处理好社会需求与教学工作的关系；处理好社会需求的多样性、多变性与教学工作相对稳定性的关系。

2. 注重学生全面发展

制订人才培养方案必须全面贯彻国家的教育方针，正确处理好思想与行为、知识与能力、理论与实践、学习与健康的关系，注重学生全面发展、终身发展的需要，坚持知识、能力、素质协调发展和综合提高的原则，将专业教育和综合素质培养相结合、教师课堂教学和辅导员课外教育相结合，加强学生道德和责任意识、创新创业能力、人际交往能力、社会适应能力以及身心素质、人文素质的培养，使学生在德、智、体、美等各方面都能得到良好的发展，具备适应终身教育及社会发展变化需要的能力。

3. 突出应用性和针对性

要以适应社会需求为目标、以培养高素质技术技能型人才为主线制订人才培养方案。基础理论教学要以应用为目的，以必需、够用为度，以讲清概念、强化应用为教学重点。专业课教学要加强针对性和实用性，同时要使学生具有一定的自主学习能力和社会行为能力。

4. 加强实践能力培养

制订人才培养方案要做到理论与实践、知识传授与能力培养相结合，能力培养要贯穿教学全过程。要加强实践教学环节，增加实践的时间和内容，减少演示性和验证性实验，实训课程可单独设置，以使学生掌握从事专业领域实际工作的基本能力和基本技能。每个专业毕业生至少获得一项与专业岗位面向相近的职业资格证书。

5. 贯彻工学结合思想

工学结合是培养高素质技术技能型人才的基本途径，高职院校的办学活力和办学特点来源于牢牢把握企业对人才需求的特点和主动适应、全力满足这种需求所做的努力。人才培养方案的制订和实施过程应主动争取企事业单位参与，尤其是订单式教育专业的人才培养方案中的各个教学环节既要符合教学规律，又要根据企事业单位的实际工作特点妥善安排。

6. 加强中高职的衔接

要深入职业高中、中等专业学校、技工学校调研，在充分了解的基础上制订人才培养方案，努力实现人才培养方案的无缝衔接。

（三）人才培养方案的构成及有关要求

1. 人才培养方案的构成

第一部分：专业人才培养标准与要求

包括专业基本信息（含专业名称和专业代码、招生对象、标准学制、教育类型和学历层次）；人才培养目标和规格；就业岗位；职业能力分析；课程教学内容与要求；教学进程表；成绩考核和毕业资格与要求。

第二部分：人才培养的实施条件与保障

包括人才培养模式；人才培养的实施条件（含实验实训条件、师资条件和数字化教学资源条件）。

2. 人才培养目标及规格的要求

培养目标要有明确的职业定向性，除了最基本的大学生素质要求，如道德品质、身心素质，以及外语、计算机等方面的基本要求外，应紧密结合职业岗位或岗位群的需要，体现相应职业岗位或岗位群对高级专门人才的特定需求，突出培养具备较强职业技能的高技能人才的特点。

3. 职业能力分析的要求

在确定专业的知识、能力与素质结构时，首先要在充分调研的基础上进行职业能力分析。要明确学生未来就业的岗位（岗位群），以职业岗位技术规范为要求，对每个具体岗位进行职责、任务分析，通过分析确定各岗位的职责与完成该职责所承担的具体工作任务，以及完成各项任务的操作过程，同时还要对岗位（岗位群）进行能力分析和分解，描绘出职业能力的整体轮廓以及维持这些能力的知识支撑，从而确定该专业的知识、能力与素质结构。

二、汽车维修类专业"3+3"中高职衔接教育人才培养方案

（一）专业基本信息

1. 专业名称：汽车检测与维修

2. 招生对象：初中毕业生

3. 标准学制：学制为全日制六年

4. 教育类型和学历层次：通高等职业教育、专科

（二）人才培养目标

本专业培养方案由中高职衔接完成，本专业培养目标分两个阶段。

中职：培养德、智、体、美全面发展，具有良好的职业道德和职业素养，掌握汽车运用与维修专业对应职业岗位必备的知识与技能，能胜任生产、服务、管理一线工作的高素质劳动者和技术技能人才。

高职：培养面向"汽车后市场"及"新能源汽车后市场"，具有良好的思想品德和职业道德，掌握扎实的专业理论知识和专业技能，具有良好的服务意识，具备一定的经营管理能力及创新创造能力的高素质技术技能型专门人才。

（三）职业（岗位）面向，社会化考试、职业资格证书要求

培养面向汽车维修行业生产一线的机电维修、维修接待等高素质技术技能型人才。应取得的职业资格证书如表2-2所示。

表2-2 汽车检测与维修3+3中高职学生应取得的职业资格证书

	序号	可获取的职业资格证书
通用能力水平证书	1	江苏省高校计算机等级考试一级B证书
	2	全国高等学校英语应用能力B级
	3	全国英语等级考试CET-4级（可选）
职业资格证书	4	全国《机械制图CAD》合格证书
	5	汽车维修高级工职业技能等级证书
	6	维修电工上岗证
	7	机动车驾驶证（C类别以上，自愿）

（四）综合素质及职业能力

1. 职业知识

（1）掌握本专业必需的英语、机械制图、汽车机械基础、液压与气压传动、汽车电工电子技术理论知识。

（2）掌握现代汽车构造和工作原理方面的基本知识。

（3）掌握现代汽车维修、检测诊断等方面的专业知识。

（4）掌握现代汽车的性能评价、技术使用的基本知识。

（5）掌握现代汽车检测诊断设备的构造、原理、使用与维修方面专业知识。

（6）了解汽车营销及售后服务与配件销售方面的一般知识。

（7）具有一定英语水平和计算机应用知识。

2. 职业能力

（1）专业核心能力

①具有机械识图、绘制简单零件图和零件装配的公差与配合的基本能力。

②具有对现代汽车的构造和工作原理进行深入分析的能力。

③具有对现代汽车进行维修和检测诊断的能力。

④具有对现代汽车进行性能评价和试验的能力。

⑤具有一定的汽车与配件的销售及提供售后服务的能力。

⑥具有翻译国外现代汽车及维修检测设备技术资料的能力。

⑦具有汽车保险与理赔的能力。

⑧具有汽车驾驶能力。

（2）其他能力

①具有一定的自学能力、文字能力和工作组织能力。

②具有计算机基本知识和操作技能，熟练使用常用办公软件和专业软件，能通过互联网获取专业信息和资料。参加江苏省计算机等级水平考试，取得中级合格证书。

③具有阅读和翻译本专业一般英文技术资料的能力。参加全国高职英语 B 级水平考试，取得英语 B 级合格证书。

3. 职业素质

（1）具有良好的思想政治素质、行为规范、职业道德和遵纪守法精神。

（2）具有与大学专科相适应的文化基础知识及人文、社会、自然基础知识。

（3）具有一定的逻辑思维、分析判断能力和语言文字表达能力。

（4）具有一定的计算机应用能力。

（5）具备一定的英语阅读、翻译和人际交流能力。

（6）具有较强的自学能力、创新能力和创业能力。

（7）具有全局观念和良好的团队精神、协调能力、组织能力和管理能力。

（8）具有健康的体魄和良好的心理素质。

（五）教学进程表分段衔接情况如表2-3、2-4、2-5所示。

1. "3+3"前段中职教学进程安排

表2-3 "3+3"前段中职教学进程安排表

课程类别	序号		课程名称	学时数		课程教学各学期周学时					
				总学时	学分	一	二	三	四	五	六
						18周/20周/2周	18周/20周/2周	18周/20周/2周	18周/20周/2周	10周/20周	20周
公共基础课程	1	文化课基础课 必修	职业生涯规划	36	2	2					
			职业道德与法律	36	2		2				
			经济政治与社会	36	2			2			
			哲学与人生	36	2				2		
			心理健康、职业健康与安全	36	2					2	
	2	必修	语文	216	10	4	4	2	2	2	
	3		数学	368	16	4	4	4	4	8	
	4		英语	368	16	4	4	4	4	8	
	5		计算机应用基础	144	8	4	4				
	6		体育与健康	164	8	2	2	2	2	2	
	7		物理	216	10	2	2	4	4		
	8		职业礼仪创业实务、文学欣赏	32	2				4		
			合计								

续表

课程类别	序号	课程名称	总学时	学分	一 18周	一 2周	二 18周	二 2周	三 18周	三 2周	四 18周	四 2周	五 110周	五 10周	六 20周
基础平台课程	9	汽车机械基础Ⅰ	72	4	4										
	10	汽车机械识图	72	4	4										
	11	汽车文化	72	4			4								
	12	汽车电工电子基础Ⅰ	144	8			4		4						
	13	汽车发动机构造与维修	144	8					4		4				
	14	汽车底盘构造与维修	144	8					4		4				
	15	汽车电气设备构造与维修	92	5							4		2		
	16	汽车空调检修	40	3									4		
	17	汽车维护与保养	40	3									4		
		小　计			30		30		30		30		30		
专业技能课程 技能方向课程	18	焊接、钣金、涂装实训	60	4				2周							
	19	汽车电气设备检修实训	60	4						2周					
	20	汽车故障诊断与排除实训	60	4								2周			
	21	汽车修理工中级考级技能训练	300	20										10周	
	22	工学交替生产性实习	600	30											20周

2. 专业核心课程的衔接

表2-4 "3+3"中高职专业主干课程对接表

序号	中职课程	高职课程	对接类型
1	汽车电工电子Ⅰ	汽车电工电子Ⅱ	进阶课程（高职：含电力电子，新能源汽车课程专业基础课程）
2	汽车机械基础Ⅰ	汽车机械基础Ⅱ	衔接课程
3	发动机结构与维修	发动机电控系统检修	衔接课程
4	汽车底盘构造与维修	底盘电控系统检修	衔接课程
5	汽车电气设备构造与维修	汽车车身电控系统检修	衔接课程
6	汽车空调检修	汽车自动变速器检修	专项技能
7	汽车维护与保养	汽车检测诊断技术	能力拓展课程
8		混合动力汽车结构与检修	能力拓展课程
9		电动汽车结构与维修	能力拓展课程

3. "3+3"后段高职教学进程安排

表2-5 "3+3"后段高职教学进程安排

课程类别		序号	课程名称	学分	教学时数			考核		各学期周数（理论课周数）学时分配					
					总学时数	理论教学	实践教学	考试学期	考查学期	1 18 12	2 20 15	3 20 16	4 19 16	5 20 12	6 19 0
必修课	通识教育课程	1	基础	2	36	36	0		1	3					
		2	概论	4	64	64	0		4				4		
		3	高等数学	4	72	72	0	1		6					
		4	高职高专英语	8	142	142	0	1,3	2	2	2	4			
		5	计算机应用基础	4	60	40	20	2			4				
		6	体育	4	108	22	86		1,2,3	2	2	2			
		7	形势与政策	1	40	40	0		4						
		8	职业发展与就业指导	2	38	38	0		4						
		9	应用文写作	2	36	34	2	5						3	
			小 计	31	496	388	108								
	专业平台课程	1	汽车机械基础Ⅱ	4	60	48	12	1		5					
		2	汽车液压与液力传动	4	60	48	12	2			4				
		3	汽车电工电子技术Ⅱ	6	108	78	30	1,2		4	4				
		4	汽车制图与CAD	4	60	40	20	2			4				
		5	新能源汽车概论	2	30	24	6	2			2				
			小 计	20	318	238	80								

续表

课程类别	序号	课程名称	学分	教学时数			考核		各学期周数(理论课周数)学时分配					
				总学时数	理论教学	实践教学	考试学期	考查学期	1 18 12	2 20 15	3 20 16	4 19 16	5 20 12	6 19 0
必修课														
专业职能课程	1	汽车电脑与网络技术	4	64	44	20	4					4		
	2	汽车检测诊断技术	5	80	50	30	4						5	
	3	发动机电控系统检修	5	80	50	30	3				5			
	4	汽车底盘电控系统检修	4	64	44	20	3					4		
	5	汽车车身电控系统检修	4	64	44	20	3					4		
	6	汽车自动变速器检修	4	64	44	20	4						4	
	7	混合动力汽车结构检修	4	64	44	20	4						4	
	8	电动汽车结构与维修	4	64	44	20	5							4
	9	汽车发动机原理与汽车理论	3	48	40	8	3				3			
	10	汽车专业英语	2	36	36	0	5							3
		小　计	39	628	440	188								
专业实训(周)	1	军事技能训练及军事理论	2	52	0	52			2周					
	2	车、钳、焊实训	2	52	0	52			2周					
	3	汽车电工电子技术实训	3	78	0	78				3周				
	4	汽车维护与保养实训	2	52	0	52				2周				
	5	发动机电控系统检修实训	2	52	0	52					2周			
	6	底盘及车身电控系统检修实训	2	52	0	52					2周			
	7	自动变速器及空调检修实训	2	52	0	52						2周		
	8	新能源汽车检修实训	2	52	0	52						2周		
	9	汽车检测维修考证训练(高级)	3	78	0	78							3周	
	10	顶岗实习	21	546	0	546							4周	17周
	11	毕业答辩	1	26	0	26								1周
		小　计	42	1092	0	1092								

续表

课程类别		序号	课程名称	学分	总学时数	理论教学	实践教学	考试学期	考查学期	1 18 12	2 20 15	3 20 16	4 19 16	5 20 12	6 19 0
选修课	限选A	1	汽车4S店经营管理	2	36	32	4	5						3	
		2	汽车保险与理赔	2	36	32	4		5					3	
		3	二手车鉴定与评估	2	36	32	4	5						3	
		4	汽车营销	2	36	32	4		5					3	
		5	汽车运行材料	2	36	32	4		5					3	
	限选B	1	汽车电子商务	2	36	32	4	5						3	
		2	汽车贸易谈判	2	36	32	4		5					3	
		3	汽车法规	2	36	32	4	5						3	
		4	客户心理学	2	36	32	4		5					3	
		5	汽车物流	2	36	32	4		5					3	
	任选课	1	任选1	2	32	32	0		2		2				
		2	任选2	2	32	32	0		3			2			
		3	任选3	2	32	32	0		4				2		
	小　计			16	276	256	20								
必修课学分及学时				131	2534	1066	1468								
总学分及总学时数				147	2810	1322	1488								
周　学　时　数										23	24	24	23	26	
每学期课程门数										6	8	7	6	8	
每学期考试门数										4	4	4	4	3	
每学期考查门数										3	4	3	2	5	

（六）主要课程的教学内容及要求

1. 中职阶段主要课程

表2-6　中职阶段主要课程安排

序号	课程名称	主要内容	能力要求
1	汽车机械基础	（1）制图的基本知识、几何作图、投影作图； （2）零件图、常用零件的画法； （3）装配图、互换性与技术测量； （4）机械运动的基本规律； （5）常用机构和机械传动	（1）了解剖视、剖面及其规定画法； （2）了解常用的机构和机械零件； （3）掌握液压系统中各元件的构造和作用原理； （4）能识读汽车较为简单的零件图； （5）会分析、选用机械零部件及简单机械传动装置

续表

序号	课程名称	主要内容	能力要求
2	汽车机械识图	（1）正投影的基本原理、图示方法和国家制图标准； （2）中等复杂程度的零件图和装配图阅读； （3）计算机绘图的基本知识。	（1）具有一定的空间想象和思维能力，能正确，能够绘制简单的零件图； （2）具有使用常用绘图工具绘制草图的基本技能 （3）能用计算机绘制简单零件图。
3	汽车电工电子基础	（1）电路的基本概念与基本定律； （2）交、直流电路的基本原理； （3）电路常用的分析方法； （4）安全用电常识； （5）PN结及其单向导电性； （6）汽车电器常用电子元件及电路知识	（1）了解电工电子的主要内容及作用； （2）掌握电路的基本定律； （3）掌握汽车电器上常用电子元件及电路知识； （4）能对汽车常见开关、电容、电阻、二极管及三极管等元件进行检测
4	汽车发动机构造与维修	（1）曲柄连杆机构结构和工作原理； （2）配气机构结构和工作原理； （3）冷却系统的结构和工作原理； （4）润滑系统结构和工作原理； （5）汽油发动机电子控制系统的组成及功能； （6）汽车发动机各传感器的结构与工作原理； （7）汽车发动机各执行器的结构与工作原理	（1）了解发动机的构造和原理； （2）掌握汽车发动机各部分组成、原理及检修方法； （3）能进行发动机的拆装； （4）会进行汽车发动机简单故障的诊断与排除
5	汽车底盘构造与维修	（1）汽车传动系统； （2）离合器； （3）变速器； （4）汽车行驶系统； （5）汽车转向与悬架系统； （6）汽车制动系统	（1）转向、制动、悬架的结构和工作原理； （2）掌握离合器、变速箱、传动轴及碰撞元件、万向节、驱动桥、四轮驱动各总成的结构和工作原理； （3）能进行轮胎的更换； （4）能进行手动变速器、传动轴、主减速器、差速器的拆装； （5）会进行汽车的四轮定位，并进行必要的调整

续表

序号	课程名称	主要内容	能力要求
6	汽车电气构造与维修	（1）汽车电源系； （2）汽车起动系统； （3）汽车点火系统； （4）汽车照明与信号系统； （5）汽车辅助电器设备； （6）全车电路	（1）了解汽车电源供应系统、起动系统、车辆点火系统的结构； （2）掌握汽车起动系统、点火系统的工作原理； （3）能进行蓄电池的检测、蓄电池的充电、交流发电机的检测、起动机的检测； （4）会正确诊断与排除起动机、点火系统的故障
7	中级技能训练	汽车维修工四级职业标准要求的理论知识和技能操作内容	具备汽车维修工四级职业的水平

2. 高职阶段主干课程

表 2－6　高职阶段主要课程安排

序号	课程名称	主要内容	能力要求
1	汽车发动机电控系统检修	介绍发动机电控系统的结构、原理、元件的检测、故障诊断和检测方法，柴油电控系统。电子燃油喷射系统检修、电控点火系统检修、进气控制系统检修、排气控制系统检修、柴油机电控系统、电控发动机故障诊断方法与运用	具备发动机电控系统的故障诊断与排查能力
2	汽车底盘及车身电控系统检修	介绍汽车防抱死制动系统、驱动防滑控制系统、电子稳定程序控制系统、电控悬架系统及电控动力转向和四轮转向系统、安全气囊等的结构、工作原理、故障诊断与排除等	具备底盘（不含自动变速器）及车身典型电控系统的故障诊断与排除的能力
3	汽车自动变速器检修	介绍辛普森式自动变速器的结构与工作原理，典型辛普森式自动变速器检修，平行轴式自动变速器检修，拉维娜式自动变速器检修，电控无级自动变速器检修，自动变速器控制系统检修，自动变速器的检测与故障诊断等内容；介绍手自一体化自动变速器和双离合器自动变速器等内容	具备 AT、CVT、DSG 三种不同类型自动变速器的检修能力
4	汽车空调检修	介绍汽车空调系统的组成与工作原理、主要部件的结构、空调的使用与维修等，内容包括汽车空调概述、空调基础知识、汽车空调制冷系统、汽车空调采暖系统、汽车空调的通风与空气净化装置、汽车空调的布置与操控、汽车空调的使用与故障检修等	具备汽车空调检修的专项能力

续表

序号	课程名称	主要内容	能力要求
5	汽车检测诊断技术	介绍汽车检测基础知识和汽车检测站，着重阐述和讲授发动机、底盘、整车性能以及汽车电子控制系统的检测诊断方法	具备汽车整车综合性能检测的能力
6	新能源汽车概论	介绍纯电动汽车、混合动力汽车、燃料电池汽车及清洁能源汽车的基本结构、工作原理；让学生了解新能源汽车的发展现状及趋势	具备认识各种新能源汽车的能力；具有运用所学知识解决生产实际问题的能力，如分析典型新能源汽车故障的能力，以适应现代新能源汽车新结构和新技术发展变化
7	混合动力汽车结构与检修	介绍现代混合动力汽车结构、工作原理、检修、故障诊断与排除等知识，重点讲解丰田普锐斯、比亚迪、本田、大众等车系混合动力汽车结构原理及检修等	具备检修典型混合动力电动汽车的的能力
8	电动汽车结构与检修	介绍现代纯电动汽车结构、工作原理、检修、故障诊断与排除等知识，重点讲解北汽电动汽车、比亚迪、本田、特斯拉等车系电动汽车结构原理及检修等	具备检修典型纯电动汽车的的能力
9	汽车电脑与网络技术	介绍汽车常见车型的电脑、网络结构和原理，通过对喷油、点火控制电路的分析，掌握汽车电脑知识和维修方法。借助适当的检测维修仪器进行汽车电脑及网络的故障排除	具备诊断汽车电脑与网络故障的能力
10	高级技能训练	汽车维修工三级职业标准要求的理论知识和技能操作内容	具备汽车维修工三级职业的水平

（七）成绩考核

采取多元化的考核评价方法，重视实践考核，突出职教特色。考试方式要突出多样性、针对性和生动性。要把课程终结考试与过程考核中学生取得的成绩，作为判断学生成绩的重要依据。各门课程结合自身的特点参照以下的原则具体确定课程考核方法。

（八）毕业资格与要求

1. 中职

学生如同时具备以下四项条件，可由中职院校发放中职院校毕业证书。

1）思想品质和职业道德合格。

2）修完规定课程，成绩合格，方可毕业。

3）取得如下技能证书：

（1）江苏省高校非计算机专业等级考试一级 B 及以上证书；

（2）汽车维修中级工证书。

4）顶岗实习成绩与毕业答辩合格。

2. 高职

学生如同时具备以下四项条件，可由高职院校发放高职院校毕业证书。

1）思想品质和职业道德合格。

2）修完中高职规定全部课程，成绩合格，取得规定学分，方可毕业。

3）取得如下技能证书：

（1）汽车维修高级工证书

（2）汽车电工证书

4）顶岗实习成绩与毕业答辩合格。

（九）招生录取和转段

1. 招生

中高职"3＋3"分段培养的招生工作由中职院校完成，进入中高职"3＋3"分段培养的学生必须在当地参加中考，中考成绩需达到当地三星级普通高中录取分数线，方可进入中职院校学习。

2. 转段

中高职"3＋3"分段培养的学生在修完中职阶段的课程后，第五学期通过"3＋3"转段考试和技能考核，成绩合格，并在获得中职院校的毕业证书后，方可进入高职院校学习。

第四节

"3＋3"衔接与传统分段模式的人才培养方案对比

2010 年 7 月颁布的《国家中长期教育改革和发展规划纲要（2010—2020 年)》，提出了 2020 年构建现代职业教育体系的发展目标，要求从教育体系内考虑所有职业教育课程的衔接问题，为职业教育课程体系的目标建设提供了政策指导。目前中职和高职院校对于职业人才的培养不同程度存在错位培养、岗位针对性不清、课程边界模糊、职业资格证书等级要求串位等问题。为建立衔接流畅的中高职课程体系，南通航运职业技术学院为江苏省"中高职汽车检测与维修专业 3＋3 衔接课程体系建设研究"课题的牵头高职院校，在理论研究与实践的基础上，对 3＋3 衔接的人才培养方案与传统分段的人才培养方案进行对比分析。

一、概念界定

中高职分段教育：指的是中等职业院校和高等职院校各自独立培养中职人才和高职人才。

中高职衔接教育：指的是中等职业院校和高等职业院校衔接培养职业人才，主要从人才需求调研、人才培养方案制定、课程衔接体系的设计、人才的衔接教育实施等方面开展。

二、中高职分段教育和衔接教育的对比分析

（一）人才培养目标定位方面

1. 分段培养存在的问题

对比分析中职院校和高职院校汽车维修人才目标，发现两者定位界定不清，交叉现象严重。造成这种现象的原因是分段培养的中高职院校之间缺乏有效的沟通，各自认定自己培养学生的目标，导致中职院校人才培养目标定位过高，而高职院校也存在重复定位中职学生人才培养目标。

2. 衔接培养的优势

中职与高职是职业教育体系中不同层次的教育，中高职院校之间的人才培养目标都具有职业性和技能型的特点，中高职衔接培养进一步明确了中职段和高职段的人才培养目标。汽车维修专业的中职段主要侧重专业基础知识的教育和培养汽车维修企业一线工作的高素质劳动者和技能型人才，而高职段主要是侧重培养能胜任汽车维修企业一线高素质技术技能型人才。培养目标在层次上具有明显的阶梯差异，在协调发展上的具有一致性，这样更能满足汽车行业发展对不同层次职业教育人才的需求。

3. 两者的区别

分段培养下中职院校和高职院校各自确定培养目标，培养目标定位不清，重合度较大。而衔接培养下首先通过对汽车维修企业的调研，目标岗位职业能力的分解，确定各段培养的目标，目标层次清晰，易于实现。

（二）职业面向方面

1. 分段培养职业面向存在问题

汽车维修专业中职阶段的职业面向主要为汽车后市场从事汽车保养、汽车机修、汽车电气维修、汽车美容与装潢，具备职业生涯发展基础和终身学习能力，能胜任生产、服务、管理一线工作的高素质劳动者和技术技能人才。

高职院校职业面向"汽车后市场"具有与本专业相适应的文化水平和良好的职业道德，具备本专业的理论知识、实践技能和较强的实际工作能力及经营、组织、管理能力，熟悉相关行业、企业生产过程和组织状况的高等技术应用型专门人才。

分段培养的中高职职业面向重复度高，特别是部分中专院校有些岗位定位过高。

如汽车电气电控技术诊断，能力上也难以胜任岗位要求。

2. 衔接培养职业面向存在的优势

按照人才培养循序渐进的规律来确定中高职衔接的职业面向，衔接培养下的职业面向更加明确，职业面向的层次性体现得更加明显。汽车维修专业学生的就业企业主要为汽车后市场相关的汽车保养、维护、检测、修理以及汽车保险、理赔、二手车等，学生的就业岗位有首岗和发展岗，中职学生主要适合汽车维修企业的基础岗位，如保养、维护、机修等，而高职的学生职业定位更加广泛，适合汽车维修的基础管理岗位和技术主管岗位，以及自身创业。通过中高职衔接一体化汽车检测与维修人才培养，就业的岗位实现了无缝对接，人才培养也与汽车行业需求层次相一致。

3. 两者的区别

根据课程组的前期调研，合作企业对中高职学生需求的数量和岗位有所侧重，中职的学生更适合从事基础岗位工作，如汽车保养、汽车美容和机修，而高职学生由于知识的丰富、技能的提升和年龄的成熟，可以适合现代汽车电控方面的检修工作。随着新能源汽车的发展，在中职阶段掌握传统汽车基础知识和操作技能后，通过"电"方面内容的提升，可以在高职阶段向新能源汽车方向拓展。这也是培养混合动力汽车和电动汽车维修人才的一个重要途径。

（三）职业资格证书方面

在构建汽车维修专业中高职衔接课程职业资格证书时，将汽车维修职业资格证书中高级分开获取，使两个阶段既相对独立，又具有明显的阶段性和紧密的关联性。学生中职毕业时能同时取得中专学历证书和汽车维修中级职业资格证书，进入高职则能同时取得大专学历证书和汽车维修高级职业资格证书或汽车维修电工资格证书，这样，不仅避免中高职汽车维修类职业资格证书的简单的重复，而且逐步提高了学生在高职阶段技能的提高。

（四）综合素质以及职业能力方面

1. 分段培养存在的问题

传统的分段培养往往忽视了人的认知能力发展阶段性的规律，对中职学生往往提出了过高的要求，由于这些要求本身就不符合认知规律，因此结果往往是事与愿违。由于有相当一部分学生不能达到学校提出的在综合素质及职业能力方面的要求，会产生消极自卑心理进而影响到培养效果。中职院校汽车维修专业学生的培养理应重视文化知识和专业基础知识的培养，但实际培养中主要重视专业技能训练，这会导致进入高职院校学习时出现基础知识不扎实，专业技能训练与高职院校重复现象。由于中职教育偏重于对学生操作技能和就业能力的培养，存在着轻基础、重专业，轻理论、重实践，轻理解、重操作的现象，使学生很难适应高职教育更广、更深的理论学习，达不到高端技能型汽车维修人才培养的基本要求，不能很好地实现汽车维修职业人才的系统培养。

2. 衔接培养的优势综合素质和职业能力

综合素质和职业能力的培养不是课程教学能完成的，需要在职业活动中养成，而职业素质的养成是需要时间的。中高职衔接有利于学生从熟手向能手的提升。衔接培养下对学生综合素质及职业能力方面提出的要求，符合学生认知能力的发展规律，充分体现了职业教育的规律性和科学性。绝大部分学生通过努力都能达到衔接培养下对其在综合素质及职业能力方面的要求，能够充分调动起他们的学习积极性，进而达到相应的教学效果，实现职业教育的目的。

3. 两者区别

分段培养忽视了人才成长的循序渐进的规律，都急于求成培养学生的操作技能，结果导致学生基础知识不扎实，技能提升和发展空间受限制；而衔接培养遵循学生成长规律和人才培养系统化理论，科学确定不同教育阶段教学内容、技能训练和综合素质。汽车维修专业中职段侧重于汽车维修从业人员职业素质的养成、汽车结构知识积淀和基本职业技能的培养，而高职段侧重汽车电控知识学习和汽车性能的理解，拓展新能源汽车的检修能力。

（五）课程标准体系

1. 分段培养存在问题

通过省内外多所学校的调研了解，目前传统分段培养的课程体系中，如对口单招院校中，中职院校和高职院校各自构建自己的专业课程体系，中高职课程设置和教学内容的重复度高，课程设置不合理，没有体现中高职教育的层次性以及学生认知能力发展的规律性。由于各段教育之间几乎没有沟通，很多高职课程内容学生已经在中职阶段学习过，这不仅造成中高职教育资源与学生学习时间的浪费，也严重影响了学生的学习兴趣与积极性。

2. 衔接培养的优势

衔接培养的课程体系设置的理念为：强化中等职业教育的基础地位，突出高等职业教育的能力提升功能，构建以能力为本位、以岗位实践为主线，以项目课程为主体的中高职彼此联系、相互渗透、有机衔接的模块化专业课程体系。中高职衔接一体化的课程设置中，消除了中职和高职重复雷同课程现象。如表2-4所示，中职侧重于汽车维修专业基础知识和基础技能，而高职侧重于汽车维修专业知识的深度和广度以及高端技能。这样有利于中高职明确各自的教学重点、制定课程标准、调整课程结构与内容、合理安排教学进程，避免在教学安排上的脱节或重复。

3. 两者的区别

传统分段培养的课程体系中高职各自为政，重复课程较多，课程设置不合理，没有统一的中高职衔接课程体系设置的思路；而衔接培养的课程体系以统一的课程体系设计理念为指导，中职段和高职段合理有序的设置课程体系和内容，重复现象避免了。高职校与中职校根据培养目标，以全局观念统筹构建课程体系，课程设置由浅入深。中职课程重基础、强应用，让学生初步建立汽车维修基础知识和汽车维修职业概念；高职课程重实践、强创新，鼓励学生在真实或模拟的工作场景中发挥主观能动性和实践性。文化基础课程注意中、高职层次知识点的有机融合，以适应其渐进性学习和终身教育的需要，中职阶段注重基础知识和素质教育；高职阶段开设提升理论及应用水平的通识课程，加强职业素质教育。专业课程以检修技能和应用能力培养为主线，将专业基础课和专业课有机结合。特别是随着新能源汽车的告诉发展，对新能源汽车售后人才需求紧缺，在课程设置中，增加了混合动力电动汽车结构与检修、电动汽车结构与检修等课程，提升学生职业能力，适应行业的发展需求。职业素质拓展课程以社会适应能力和创新精神培养为重点，能够全面提升学生的综合素质。

三、结　语

通过分段培养与衔接培养的对比分析，汽车维修专业中高职分段式培养已经不适用当前汽车维修业的发展和汽车维修人才培养的规律，中高职衔接一体化的人才培养满足了现代汽车维修行业对人才的要求，明确了中高职人才培养的规格，实现了课程设置的一体化和技能证书的统一要求，满足了中高职院校教学互通和资源共享。

中高职有机的衔接，不仅仅是形式上的衔接，更是内涵上的衔接，体现在培养目标上具有一致性；课程设置和教学内容上，具有合理性和连贯性。中职课程的设置体现基础性，高职的课程体现提高性，课程的衔接体现了串珠式的培养模式，避免了课程设置的重复和断头。成功实施汽车维修专业中高职衔接项目将有利于汽车维修业的进一步发展，能使中高职院校更加清楚地了解衔接教育的优势，也能在深层次的比较分析中发现实施衔接教育的有效方法，有利于汽车检测与维修专业现代化职业教育体系的形成。

参考文献

［1］孙旭．汽车维修类专业中高职衔接课程体系构建［J］．芜湖职业技术学院学报，2016（4）

［2］陆国民，王玉欣．中高职衔接中的课程开发与实践［J］．职教论坛，2014（6）

［3］焦传君．汽车检测与维修专业中高职衔接课程体系设计［J］．教育教学论坛，2014（29）

［4］段标．"3＋3"中高职衔接分段培养的思考［J］．中国职业技术教育，2014（23）

［5］徐国庆，石伟平．中高职衔接的课程论研究［J］．教育研究，2012（5）

第三章

中高职主干专业课程标准的制定

第一节

中职阶段主干专业课程标准

一、《汽车发动机构造与维修》课程标准

[课程名称]

《汽车发动机构造与维修》

[适用专业]

中等职业学校汽车运用与维修专业（3＋3）

（一）前言

1. 课程性质

本课程是中等职业学校汽车运用与维修专业的一门专业核心课程，其任务是让学生获得汽车发动机的基本结构、维护和修理方面的系统知识，使学生具备对汽车发动机进行结构分析、常规维护和修理的基本技能。为今后从事汽车维修技术工作，以及为适应汽车工业发展提供所必须的继续学习能力，奠定良好的基础。

2. 设计思路

本课程标准以就业为向导，邀请行业专家对汽车运用与维修专业所涵盖的职业群进行任务和职业能力分析，以此为依据确定本课程的工作任务，并按岗位任务的递进和流程关系来确定各个任务之间的逻辑关系，以项目任务为单元来展开课程内容和教学要求，在完成项目任务过程中培养学生职业能力，满足学生就业和职业发展的需要。

（二）课程目标

本课程的教学目标是通过系统地讲授汽车发动机基本结构、原理、维护、修理等方面的知识，使学生初步具有汽车发动机零件结构和耗损分析的能力；初步具有发动机维护、修理能力和发动机故障诊断排除能力。

1. 知识教学目标

（1）掌握汽车发动机的基本结构和工作原理。

（2）掌握发动机维护和修理的基本理论。

（3）掌握常用发动机维护、修理工具和设备的用途和使用方法。

2. 能力培养目标

（1）初步具备安全生产的能力。

（2）熟练掌握常用发动机维护、修理工具和设备的使用方法。

（3）能对发动机主要零部件进行结构和耗损分析。

（4）能对发动机的常见故障进行诊断、排除。

（5）能按维修工艺对发动机进行维修、装配、调整和性能试验。

3. 思想教育目标

培养严谨的工作态度和严格的质量意识。

（三）课程内容和要求

表 3 - 1 汽车发动机构造与维修课程内容和要求

序号	工作任务	课程内容与教学要求	活动设计	参考课时
1	汽车发动机总体认识	掌握汽车发动机类型。 理解发动机总体构造、基本术语和主要技术参数	进行一次参观汽修厂活动，了解汽车发动机类型。 让学生观察发动机总体构造	6
2	曲柄连杆机构的构造与维修	1. 曲柄连杆机构的构造和工作原理： 掌握汽车发动机的工作循环，掌握曲柄连杆机构的功用、组成、主要零部件的构造和相互装配关系。 2. 曲柄连杆机构的维修： 掌握曲柄连杆机构主要零部件的检测和维修方法，掌握曲柄连杆机构装配与调整方法。 3. 曲柄连杆机构常见故障的诊断与排除： 理解曲柄连杆机构异响故障诊断	1. 曲柄连杆机构拆装实习： 掌握曲柄连杆机构主要零部件的结构和相互装配关系。 2. 气缸盖与气缸体的测量实习： 掌握气缸盖和气缸体平面度、平行度，气缸的圆度、圆柱度的测量方法与技术要求。 3. 气缸的镗削与磨削实习： 了解镗缸机和磨缸机镗磨气缸体的过程。 4. 连杆的校正实习： 掌握连杆的弯曲和扭曲的检验、校正方法与技术要求。 5. 活塞连杆组的组装实习： 掌握活塞连杆组的组装工艺、方法和技术要求。 6. 曲轴的动平衡实习： 了解曲轴动平衡的试验方法和技术要求。 7. 曲柄连杆机构的异响诊断实习： 了解曲柄连杆结构异响部位的判断方法	40

续表

序号	工作任务	课程内容与教学要求	活动设计	参考课时
3	配气机构的构造与维修	1. 配气机构的构造和工作原理：理解发动机的换气过程，掌握配气机构的功用、组成、主要零部件的构造和相互装配关系。 2. 配气机构的维修：掌握配气机构主要零部件的检测方法和维修方法，熟练掌握配气相位的测量和调整方法，掌握气门间隙调整方法，掌握气缸压缩压力测量方法和压缩压力失准的原因分析方法	1. 气门磨削与气门座铰削实习：了解气门磨削机磨削气门和气门座铰刀铰削气门座的过程。 2. 气门间隙的调整实习：掌握气门间隙的调整方法。 3. 气缸压缩压力的检测实习：掌握气缸压缩压力的检测方法和技术要求	24
4	发动机冷却系的构造与维修	1. 发动机冷却系的构造和工作原理：理解发动机水冷却系循环路线，掌握发动机水冷却系的功用、组成、主要零部件的构造和相互装配关系。 2. 发动机水冷却系的维修：掌握散热器、节温器、水泵的检修方法。 3. 发动机水冷却系的常见故障诊断：掌握发动机水冷却系水温过低或过高的故障诊断和排除方法	1. 水泵、节温器的拆装、检修实习； 2. 掌握水泵、节温器的检修方法	16
5	发动机润滑系的构造与维修	1. 发动机润滑系的构造和工作原理：理解发动机润滑系的作用和循环路线，掌握发动机润滑系的功用、组成、主要零部件的构造和相互装配关系。 2. 发动机润滑系的维修：掌握发动机润滑系的机油泵、滤清器等的检修方法。 3. 发动机润滑系的常见故障诊断：掌握发动机润滑系油压过低或过高的故障诊断与排除方法	机油泵拆装实习	18

续表

序号	工作任务	课程内容与教学要求	活动设计	参考课时
6	汽油机燃料供给系的构造与维修	1. 汽油机燃料供给系的构造和工作原理： 掌握汽油机的燃烧过程，掌握汽油机燃料供给系的功用、组成、主要零部件的构造和相互装配关系。 2. 汽油机燃料供给系的维修： 掌握喷油嘴、汽油泵、汽油滤清器的检修方法，掌握化油器的维护和调整方法。 3. 汽油机燃料供给系常见故障的诊断与排除： 掌握汽油机燃料供给系常见综合故障的原因、现象，掌握汽油机燃料供给系常见油路故障的诊断与排除方法，掌握汽油机常见油电路综合故障的诊断和排除方法	1. 汽油泵的拆装实习 掌握汽油泵的结构和调整方法。 2. 汽油机常见油路故障的诊断实习。 3. 掌握汽油机常见油路故障的诊断与排除方法	24
7	汽油机点火系的维修	1. 汽油机点火系的组成和工作原理： 掌握汽油机点火系的功用、组成和基本原理，掌握点火提前角的概念和点火提前角的调整方法。 2. 汽油机点火系常见故障的诊断与排除。 掌握汽油机点火系常见故障的现象和原因	1. 点火系统的结构认知实习。 2. 点火系统电路连接实习	15
8	汽车发动机的装配、调整与磨合	1. 汽车发动机的装配和调整： 掌握汽车发动机的总装工艺，掌握汽车发动机的装配程序、主要技术要求和调整内容。 2. 汽车发动机的磨合： 了解汽车发动机总装后的磨合过程和技术要求。	1. 发动机拆装实习	15
总计课时				158

（四）实施建议

1. 校本教材编写

（1）教材编写要以岗位职业能力分析和职业技能考证为指导，以汽车运用与维修课程标准为依据。

（2）教材编写要以岗位任务引领，以工作项目为载体，强调理论与实践相结合，按活动项目组织教学内容。

教学内容从"任务"着手，通过设计解决"任务"的方法与步骤，自探究式的学习和实践，在完成"任务"的过程中掌握知识和技能，培养学生提出问题、分析问题、解决问题的综合能力。以解决实际问题带动理论的学习和应用软件的操作。任务的设置应体现针对性、综合性和实践性。

项目任务的设计，应体现中等职业教育的特征，联系社会实际。所设计的"任务"是学生毕业后就业上岗就会遇到并需要解决的问题，而不是围绕着知识和技能的展开而设置的。

项目任务的设计，应具有较强的可操作性，加强学生实际动手能力的培养，使学生能比较熟练地解决问题。

（3）凡工作岗位涉及的实践活动，应以岗位操作规程为基准，将其纳入教材。

（4）教材内容应在汽车运用与维修课程标准基础上有所拓展，要将汽车运用与维修最新发展成果及时纳入教材。

（5）教材要以实践性内容为主。教材体系的安排要遵循学生的认知规律，讲清知识的来龙去脉，使教材顺理成章，深入浅出，具有趣味性和启发性，尽量做到图文并茂，寓教于乐，循序渐进。

（6）教材内容要渗透科学方法论和德育的内涵。在教材编写中要突出培养学生的科学思想和科学方法，以适应汽车运用与维修发展的需要。

2．教学建议

（1）在教学中应积极采用先进的多媒体教学手段。本门课是实践性要求很高的课程，对结构了解尽量采用实物进行现场教学。

（2）对要求学生掌握的实习课，要保证使每个学生都有充足的时间自己动手做好实习。

（3）每个项目可进行单独考核，考核内容应包括理论和实验两个部分。

（4）教师必须重视学习现代教学理论，不断更新观念，充分运用项目教学法，为学生提供自主发展的时间和空间，努力培养学生的创新精神和实践能力，自觉地成为学生学习的引导者和促进者。

（5）学生必须重视提升自己的职业素养，培养自己应用多媒体技术解决问题的综合能力，发展自己的个性特长，在学习过程中学会与人合作，自觉地成为问题的发现者和解决者。

（6）倡导多种学习方式，改善学生的学习方式，培养学生的创新精神和合作学习、研究探索的能力。

（7）运用思考、实践、调查、探索、讨论、交流、展示、评价等多种形式促使学生自行设计学习方案，自主探索操作步骤和实验方法，在学习过程中发现问题、提出问题，加强师生、生生之间的讨论、交流和展示，从而改变学生单一的被动接受知识的学习方式。要创设工作情境，加强过程体验，增强学生的就业意识。

3．教学评价

改进评价方式，改变单一的总结性评价的方法。实施过程评价、阶段评价和总结评价。

（1）过程评价。它是对学生在学习中的态度和解决问题的能力、对新技术的接受能力、与同学协作的能力、对新的应用环境的适应能力、社会活动能力、道德规范、安全意识等方面的评价。

（2）阶段评价。它是对学生进行本课程学习任务的评价，以某项目为内容，通过完成某一"任务"，对学生掌握发动机电控技术和基本技能的程度进行评价。

（3）总结评价。它是对学生完成本课程学习后的综合评价，以实操考核、互动交流等多种形式，充分发挥学生的主动性和创造力，对学生解决实际问题的综合能力、创新精神和实践能力进行评价。

4．课程资源的开发与利用

（1）开发适合教师与学生使用的汽车运用与维修教学课件。

（2）充分利用行业资源，为学生提供阶段实训，让学生在真实的环境中磨练自己，提升其职业综合素质。

（3）要充分利用网络资源，搭建网络课程平台，实现优质教学资源共享。

（4）积极利用数字图书馆、电子期刊、电子书籍，使教学内容多元化，以此拓展学生的知识和能力。

（5）充分利用现有条件，将教学与实训合一，满足学生综合能力培养的要求。

二、《汽车底盘构造与维修》课程标准

［项目课程名称］

《汽车底盘构造与维修》

［适用专业］

中等职业学校汽车运用与维修专业（3＋3）

（一）前言

1．课程性质

本课程是中等职业学校汽车运用与维修专业的一门专业核心课程。其任务是讲授现代汽车底盘的构造和工作原理，底盘的维护与修理，常见故障诊断与排除等知识，使学生系统掌握汽车底盘各总成的功用、结构和基本工作原理，初步具有汽车底盘拆装、故障诊断与排除、零件损耗分析与检验分类、合理维护与修理的基本能力。培养学生分析问题、解决问题的能力以及从事汽车运用与维修岗位的职业能力，增强适应职业变化的能力和创新能力。

2．设计思路

本课程标准以就业为向导，邀请行业专家对汽车应用与维修专业所涵盖的职业群进行任务和职业能力分析，以此为依据确定本课程的工作任务，并按岗位任务的递进和流程关系来确定各个任务之间的逻辑关系，以项目任务为单元来展开课程内容和教学要求，在完成项目任务过程中培养学生职业能力，满足学生就业和职业发展的需要。

（二）课程目标

本课程的教学目标是通过系统地讲授汽车底盘基本结构、原理、维护、修理等方面的知识，使学生初步具有汽车底盘零件结构和耗损分析的能力；初步具有底盘维护、修理能力和发动机故障诊断排除能力。

1. 知识教学目标

（1）掌握汽车底盘各系统、各总成的功用、组成和类型。

（2）掌握汽车底盘各总成的构造与工作原理。

（3）掌握汽车底盘合理维护和修理的基本理论和方法。

（4）掌握汽车底盘常见故障的检测、诊断与排除的基本理论和方法。

2. 能力培养目标

（1）掌握汽车底盘拆装的方法。

（2）掌握正确使用、操作汽车底盘维修与检测工具和设备的方法。

（3）掌握检测、诊断与排除汽车底盘常见故障的方法。

（4）掌握汽车底盘维护和修理的基本方法。

（5）掌握自我学习新知识、适应汽车底盘新结构和新技术发展变化的方法。

（三）课程内容和要求

表 3 - 2　汽车底盘构造与维修课程内容和要求

序号	工作任务	课程内容与教学要求	活动设计	参考课时
1	绪论	了解本课程的性质、任务、主要内容及基本要求，国内外汽车底盘技术发展的状况	让学生观看国内外汽车底盘技术发展的状况	1
2	汽车传动系	1. 概述 了解汽车传动系的功用与组成，汽车的驱动形式与传动系的布置形式。 2. 离合器 了解离合器的功用、性能要求和类型；掌握离合器的基本组成和工作原理；掌握典型离合器的构造，主要零件的检修、离合器的装配与调整、离合器常见故障的诊断与排除。 3. 普通变速器 了解变速器的功用、类型；掌握普通齿轮变速器的变速传动原理；掌握变速器变速传动机构的构造和各档传动路线，变速器操纵机构的构造和工作情况；掌握变速	1. 离合器实习： 能进行离合器及其操纵机构的拆卸与解体，掌握主要零件结构及相互装配关系，熟练掌握离合器常见故障的诊断与排除，熟练掌握离合器主要零件的检修、离合器的装配与调整。 2. 普通变速器实习： 能进行变速器的拆卸与解体，掌握主要零件结构及相互装配关系，熟练掌握变速器的维护、常见故障的诊断与排除、主要零件的检修、变速器的装配与调整。	67

续表

序号	工作任务	课程内容与教学要求	活动设计	参考课时
		器的维护，常见故障的诊断与排除，变速器主要零件的检修，变速器的装配、调整、磨合与试验。 4. 万向传动装置 了解万向传动装置的功用、组成和类型；掌握万向节的构造与工作原理；理解万向传动装置的布置形式与等角速传动；掌握万向传动装置的装配与维护、常见故障的诊断与排除，主要零件的检修。 5. 驱动桥 了解驱动桥的功用、组成和类型；掌握主减速器、差速器的构造与工作原理，半轴与桥壳的构造；掌握驱动桥的维护，常见故障的诊断与排除，主要零件的检修，驱动桥的装配、调整、磨合与试验	3. 万向传动装置实习： 能进行万向传动装置的拆卸与解体，掌握主要零件结构及相互装配关系，熟练掌握万向传动装置的维护、常见故障的诊断与排除、主要零件的检修、万向传动装置的装配与调整。 4. 驱动桥实习： 能进行驱动桥的拆卸与解体，掌握各总成、主要零件结构及相互装配关系，熟练掌握驱动桥的维护、常见故障的诊断与排除、主要零件的检修、驱动桥的装配与调整	
3	汽车行驶系	1. 概述 了解汽车行驶系的功用、组成、类型及受力分析。 2. 车架与车桥 了解车架和车桥的功用、组成和类型，理解车架的构造与检修；掌握转向桥与转向驱动桥的构造；掌握车桥主要零件的检修、车桥的装配与调整、车桥常见故障诊断与排除，掌握车轮定位的概念、原理及检查与调整。 3. 车轮与轮胎 了解车轮与轮胎的功用、类型及规格；掌握车轮与轮胎的构造，车轮与轮胎的维护、装配、平衡与换位。 4. 悬架 了解悬架的功用、组成和类型；理解弹性元件、减振器、非独立悬架与独立悬架的结构和工作原理；掌握悬架的维护、常见故障的诊断与排除、主要零部件的检修、悬架的装配与调整	1. 车轮与轮胎实习： 能进行车轮与轮胎的拆卸与解体、装配与调整，熟练掌握车轮与轮胎的维护、平衡与试验。 2. 悬架实习： 能进行悬架的拆卸与解体，掌握主要零件结构及相互装配关系，熟练掌握悬架的维护、常见故障的诊断与排除、主要零部件的检修、悬架的装配与调整	32

续表

序号	工作任务	课程内容与教学要求	活动设计	参考课时
4	汽车转向系	了解转向系的功用、类型、组成及系统的工作过程；掌握机械式转向系和动力式转向系主要总成的构造、工作原理；掌握转向系的维护、常见故障的诊断与排除、主要零部件的检修、转向系的装配与调整	1. 转向桥实习：能进行转向桥的拆卸与解体，掌握主要零件结构及相互装配关系，熟练掌握转向桥的维护、常见故障的诊断与排除、主要零件的检修、转向桥的装配与调整。2. 转向系实习：能进行转向系的拆卸与解体，掌握主要零件结构及相互装配关系，熟练掌握转向系的维护、常见故障的诊断与排除、主要零件的检修、转向系的装配与调整	16
5	汽车制动系	了解制动系的功用、组成和分类；制动器和制动传动装置的类型；掌握各种类型制动器和制动传动装置的构造、工作原理、掌握制动系的维护、常见故障的诊断与排除、主要零部件的检修、制动系的装配与调整	制动系实习：能进行制动系各总成的拆卸与解体，掌握主要总成、零部件的结构及相互装配关系，熟练掌握制动系的维护、常见故障的诊断与排除、主要总成及零部件的检修、主要总成的装配与调整	20
6	汽车底盘的进厂检验与竣工验收	了解汽车底盘的拆装工艺，理解汽车底盘进厂检验和修竣验收的技术条件		2
7	汽车底盘维修技术文件的编制	了解编制汽车底盘维修工艺的步骤和原则，理解编写维修工艺卡片的方法和格式		2
总计课时（其中 12 课时机动）				152

（四）实施建议

1. 校本教材编写

（1）教材编写要以岗位职业能力分析和职业技能考证为指导，以汽车运用与维修课程标准为依据。

（2）教材编写要以岗位任务引领，以工作项目为载体，强调理论与实践相结合，按活动项目组织教学内容。

教学内容从"任务"着手，通过设计解决"任务"的方法与步骤，自探究式的学习和实践，在完成"任务"的过程中掌握知识和技能，培养学生提出问题、分析问题、解决问题的综合能力。以解决实际问题带动理论的学习和应用软件的操作。任务的设置应体现针对性、综合性和实践性。

项目任务的设计，应体现中等职业教育的特征，联系社会实际。所设计的"任务"是学生毕业后就业上岗就会遇到并需要解决的问题，而不是围绕着知识和技能的展开而设置的。

项目任务的设计，应具有较强的可操作性，加强学生实际动手能力的培养，使学生能比较熟练地解决问题。

（3）凡工作岗位涉及的实践活动，应以岗位操作规程为基准，将其纳入教材。

（4）教材内容应在汽车运用与维修课程标准基础上有所拓展，要将汽车运用与维修最新发展成果及时纳入教材。

（5）教材要以实践性内容为主。教材体系的安排要遵循学生的认知规律，讲清知识的来龙去脉，使教材顺理成章，深入浅出，具有趣味性和启发性，尽量做到图文并茂，寓教于乐，循序渐进。

（6）教材内容要渗透科学方法论和德育的内涵。在教材编写中要突出培养学生的科学思想和科学方法，以适应汽车运用与维修发展的需要。

2. 教学建议

（1）在教学中应积极采用先进的多媒体教学手段。本门课是实践性要求很高的课程，对结构了解尽量采用实物进行现场教学。

（2）对要求学生掌握的实习课，要保证使每个学生都有充足的时间自己动手做好实习。

（3）每个项目可进行单独考核，考核内容应包括理论和实验两个部分。

（4）教师必须重视学习现代教学理论，不断更新观念，充分运用项目教学法，为学生提供自主发展的时间和空间，努力培养学生的创新精神和实践能力，自觉地成为学生学习的引导者和促进者。

（5）学生必须重视提升自己的职业素养，培养自己应用多媒体技术解决问题的综合能力，发展自己的个性特长，在学习过程中学会与人合作，自觉地成为问题的发现者和解决者。

（6）倡导多种学习方式，改善学生的学习方式，培养学生的创新精神和合作学习、研究探索的能力。

（7）运用思考、实践、调查、探索、讨论、交流、展示、评价等多种形式促使学生自行设计学习方案，自主探索操作步骤和实验方法，在学习过程中发现问题、提出问题，加强师生、生生之间的讨论、交流和展示，从而改变学生单一的被动接受知识的学习方式。要创设工作情境，加强过程体验，增强学生的就业意识。

3. 教学评价

改进评价方式，改变单一的总结性评价的方法。实施过程评价、阶段评价和总结评价。

（1）过程评价。它是对学生在学习中的态度和解决问题的能力、对新技术的接受能力、与同学协作的能力、对新的应用环境的适应能力、社会活动能力、道德规范、安全意识等方面的评价。

（2）阶段评价。它是对学生进行本课程学习任务的评价，以某项目为内容，通过完成某一"任务"，对学生掌握发动机电控技术和基本技能的程度进行评价。

（3）总结评价。它是对学生完成本课程学习后的综合评价，以实操考核、互动交流等多种形式，充分发挥学生的主动性和创造力，对学生解决实际问题的综合能力、创新精神和实践能力进行评价。

4. 课程资源的开发与利用

（1）开发适合教师与学生使用的汽车运用与维修教学课件。

（2）充分利用行业资源，为学生提供阶段实训，让学生在真实的环境中磨练自己，提升其职业综合素质。

（3）要充分利用网络资源，搭建网络课程平台，实现优质教学资源共享。

（4）积极利用数字图书馆、电子期刊、电子书籍，使教学内容多元化，以此拓展学生的知识和能力。

（5）充分利用现有条件，将教学与实训合一，满足学生综合能力培养的要求。

三、《汽车电气设备构造与维修》课程标准

［项目课程名称］
汽车电气设备构造与维修
［适用专业］
中等职业学校汽车运用与维修专业（3＋3）

（一）前言

1. 课程性质

本课程是中等职业学校汽车运用与维修专业的一门专业核心课程。其任务是使学生具有汽车电气设备的基本知识和汽车电气设备维修的基本技能。通过理论教学和实践技能训练，使学生系统掌握汽车电气设备的结构、基本工作原理、使用和维修、检测和调试、故障诊断与排除等基本知识和基本技能。

2. 设计思路

本课程标准以就业为向导，邀请行业专家对汽车运用与维修专业所涵盖的职业群进行任务和职业能力分析，以此为依据确定本课程的工作任务，并按岗位任务的递进和流程关系来确定各个任务之间的逻辑关系，以项目任务为单元来展开课程内容和教学要求，在完成项目任务过程中培养学生职业能力，满足学生就业和职业发展的需要。

（二）课程目标

1. 知识教学目标

（1）掌握常见汽车电气设备的结构和基本工作原理。

（2）掌握汽车电气设备的使用、维护及故障分析的知识。

（3）了解汽车电气设备的新产品和新技术。

2. 能力培养目标

（1）能读懂汽车电路图，能用电路图分析汽车电路的基本工作情况。

（2）掌握汽车常用电气设备的拆装和检修方法。

（3）掌握常见汽车电路故障的诊断和排除方法。

（4）能正确使用汽车电气设备维修中常用的工具、设备、仪器和仪表。

（三）课程内容和要求

表 3-3　汽车电气设备构造与维修课程内容和要求

序号	工作任务	课程内容与教学要求	活动设计	参考课时
1	绪论	了解本课程的性质、任务、重要性，汽车电气设备的发展概况和发展趋势。掌握汽车电气设备的组成、特点		2
2	电源系	掌握各类常用蓄电池的基本结构和型号，蓄电池的正确使用方法，技术状况的检查与维护，蓄电池的常用充电方法，常见故障的诊断；掌握常见硅整流发电机的基本结构、电压调节器的基本类型和电源系统的基本电路，发电机和调节器的正确使用和维修，电源系统的连线、故障诊断与排除。理解蓄电池的基本工作原理、基本工作特性、容量及影响因素，硅整流发电机的工作原理及工作特性，电压调节器的基本工作原理，了解蓄电池的其他充电种类和方法，国外常见车型蓄电池的型号；了解硅整流发电机及调节器的检测、调试方法	1. 蓄电池技术状况的检查和维护实习 会使用密度计和高率放电计检查蓄电池的放电程度，会检查蓄电池电解液的液面高度并进行补充作业，会检查免维护蓄电池的技术状况。 2. 蓄电池的补充充电及初次充电实习 会使用充电机，会根据蓄电池的型号对蓄电池进行补充充电和初次充电。 3. 发电机及调节器的拆装及维护实习。 4. 电源系电路的连接实习。 5. 电源系的故障诊断与排除	26
3	起动系	掌握起动机的组成，电磁操纵强制啮合式起动机的结构、工作原理，常见起动电路和具有保护功能的起动电路、起动系统的维护及故障诊断与排除方法；理解直流串激式电动机的基本工作特性和减速起动机的基本工作情况；了解起动机的分类、型号和起动机性能测试的内容和方法	1. 起动机的拆装及维护实习 会正确拆装和维护起动机，会正确使用工具。 2. 起动系的故障诊断与排除实习 掌握常见的典型起动电路，会根据起动电路诊断起动系的故障，会通过更换故障部件的方法排除起动系的故障	16

续表

序号	工作任务	课程内容与教学要求	活动设计	参考课时
4	点火系	1. 掌握传统点火系的基本组成，传统点火系的电路和各组成元件的结构、基本工作原理；掌握电感储能电子点火系的组成、电路，信号发生器的类型和结构，各组成元件之间的线路连接；掌握计算机控制点火系的功能及组成，各种点火系的正确使用和维护，点火系的故障诊断与排除；掌握示波器和正时灯的正确使用方法。2. 理解传统点火系的工作原理和工作特性，传统点火系各组成元件的有关工作特性，影响点火性能的因素；理解电感储能电子点火系的基本工作原理，信号发生器产生信号的基本原理，点火器的基本工作原理；理解计算机控制点火系的基本工作原理；了解点火系主要组成元件的型号和性能检测方法	1. 点火系主要元件的拆装与维护实习　掌握分电器总成进行正确的拆装、调整、维护，会对点火系的其他元件进行调整和维护。2. 点火系电路的连接　掌握传统点火系和电子点火系的电路图，会连接传统点火系、电子点火系电路。3. 对点火正时　能根据典型车型的要求完成点火正时的操作，会根据发动机的工作情况诊断点火时间的早、晚，会使用正时灯检查发动机的点火正时情况并进行调整。4. 点火系的故障诊断与排除实习	24
5	照明、信号、仪表、警报系	掌握照明、信号、仪表、警报装置的组成、基本电路、工作原理，正确使用、维护和故障诊断方法，前照灯、电喇叭的结构、检测与调整；了解其他信号、仪表、警报装置的结构和调整	1. 前照灯的检查与调整实习　掌握国家标准对前照灯的要求，会使用屏幕法或灯光检验仪对前照灯进行检验和调整。2. 照明、信号、仪表、报警电路的连接与故障诊断实习　掌握典型照明、信号、仪表、报警电路，会根据电路图连接上述各系统的电路，能根据电路用正确的方法诊断上述电路的故障	16
6	辅助电气设备	掌握风窗刮水器的结构、线路，暖风、除霜设备的结构、线路等；了解空调系统的组成、基本工作原理、基本控制电路及其检测方法	风窗刮水器、暖风、除霜设备、空调电路的连接与故障诊断实习　能读懂电路图，能对上述电路正确接线并根据电路图进行故障诊断	14

续表

序号	工作任务	课程内容与教学要求	活动设计	参考课时
7	全车电路	掌握汽车电路图的符号、电线、插接器等的表示方法，国家标准规定的汽车电路图的画法	掌握国家标准中常见汽车电气元件的画法，能读懂比较复杂的汽车全车电路图，能根据各系统的电路图分析常见故障的原因，提出排除故障的思路，会进行线路通、断路的检查，掌握常见车型电路的特点及主要电气系统电路的接线	16
总计课时（其中机动课时12）				126

（四）实施建议

1. 校本教材编写

（1）校本教材编写要以岗位职业能力分析和职业技能考证为指导，以汽车运用与维修课程标准为依据。

（2）教材编写要以岗位任务引领，以工作项目为载体，强调理论与实践相结合，按活动项目组织教学内容。

教学内容从"任务"着手，通过设计解决"任务"的方法与步骤，自探究式的学习和实践，在完成"任务"的过程中掌握知识和技能，培养学生提出问题、分析问题、解决问题的综合能力。以解决实际问题带动理论的学习和应用软件的操作。任务的设置应体现针对性、综合性和实践性。

项目任务的设计，应体现中等职业教育的特征，联系社会实际。所设计的"任务"是学生毕业后就业上岗就会遇到并需要解决的问题，而不是围绕着知识和技能的展开而设置的。

项目任务的设计，应具有较强的可操作性，加强学生实际动手能力的培养，使学生能比较熟练地解决问题。

（3）凡工作岗位涉及的实践活动，应以岗位操作规程为基准，将其纳入教材。

（4）教材内容应在汽车运用与维修课程标准基础上有所拓展，要将汽车运用与维修最新发展成果及时纳入教材。

（5）教材要以实践性内容为主。教材体系的安排要遵循学生的认知规律，讲清知识的来龙去脉，使教材顺理成章，深入浅出，具有趣味性和启发性，尽量做到图文并茂，寓教于乐，循序渐进。

（6）教材内容要渗透科学方法论和德育的内涵。在教材编写中要突出培养学生的科学思想和科学方法，以适应汽车运用与维修发展的需要。

2. 教学建议

（1）在教学中应积极采用先进的多媒体教学手段。本门课是实践性要求很高的课程，对结构了解尽量采用实物进行现场教学。

（2）对要求学生掌握的实习课，要保证使每个学生都有充足的时间自己动手做好实习。

（3）每个项目可进行单独考核，考核内容应包括理论和实验两个部分。

（4）教师必须重视学习现代教学理论，不断更新观念，充分运用项目教学法，为学生提供自主发展的时间和空间，努力培养学生的创新精神和实践能力，自觉地成为学生学习的引导者和促进者。

（5）学生必须重视提升自己的职业素养，培养自己应用多媒体技术解决问题的综合能力，发展自己的个性特长，在学习过程中学会与人合作，自觉地成为问题的发现者和解决者。

（6）倡导多种学习方式，改善学生的学习方式，培养学生的创新精神和合作学习、研究探索的能力。

（7）运用思考、实践、调查、探索、讨论、交流、展示、评价等多种形式促使学生自行设计学习方案，自主探索操作步骤和实验方法，在学习过程中发现问题、提出问题，加强师生、生生之间的讨论、交流和展示，从而改变学生单一的被动接受知识的学习方式。要创设工作情境，加强过程体验，增强学生的就业意识。

3. 教学评价

改进评价方式，改变单一的总结性评价的方法。实施过程评价、阶段评价和总结评价。

（1）过程评价。它是对学生在学习中的态度和解决问题的能力、对新技术的接受能力、与同学协作的能力、对新的应用环境的适应能力、社会活动能力、道德规范、安全意识等方面的评价。

（2）阶段评价。它是对学生进行本课程学习任务的评价，以某项目为内容，通过完成某一"任务"，对学生掌握发动机电控技术和基本技能的程度进行评价。

（3）总结评价。它是对学生完成本课程学习后的综合评价，以实操考核、互动交流等多种形式，充分发挥学生的主动性和创造力，对学生解决实际问题的综合能力、创新精神和实践能力进行评价。

4. 课程资源的开发与利用

（1）开发适合教师与学生使用的汽车运用与维修教学课件。

（2）充分利用行业资源，为学生提供阶段实训，让学生在真实的环境中磨练自己，提升其职业综合素质。

（3）要充分利用网络资源，搭建网络课程平台，实现优质教学资源共享。

（4）积极利用数字图书馆、电子期刊、电子书籍，使教学内容多元化，以此拓展学生的知识和能力。

（5）充分利用现有条件，将教学与实训合一，满足学生综合能力培养的要求。

第二节

高职阶段主干专业课程标准

一、《发动机电控系统检修》课程标准

课程类型：理实一体课

课程性质：必修课

适用专业：高职 – 汽车检测与维修3 + 3

总学时：96

（一）课程性质与作用

《发动机电控系统检修》是汽车 – 汽车检测与维修3 + 3专业的核心课程之一。

本课程的教学内容：

发动机电控系统简述；汽油机电控燃油喷射系统的检修；汽油机怠速控制系统的检修；汽油机进气控制系统的检修；汽油机排放控制系统的检修；汽油机微机控制点火系统的检修；柴油机电控系统的检修；汽油机电控系统故障思路与自诊断。

通过本门课程的学习，学生获得的岗位能力是：了解并掌握发动机电控系统的结构组成，了解发动机电控系统的工作过程，理解其工作原理和控制原理，掌握其重要工作特性，最终能应用上述知识独立分析诊断汽车发动机电控系统故障，能正确使用汽车维修诊断仪器仪表和设备检查出故障点并排除故障。

本课程的教学模式：以在专业教室的多媒体课堂教学为主，结合发动机电控系统实物现场演示，结合仿真软件练习。教学中强化与学生的实时互动及时发现学生的疑难点，当场解惑在课堂中；教学中以任务驱动方式和启发引导方式激发学生的学习积极性；用课头复习计分提问、课中互动提问来督导学生课后复习和提高课中的注意力；用先讲基础理论知识、先讲典型案例和总结方法论而后引导学生独立排故来提高学生的理论知识应用于实践的能力。

《发动机电控系统检修》课程为中职《发动机结构与检修》的衔接课程，后续课程为：汽车检测与故障诊断；混合动力汽车结构与检修；顶岗实习；等等。

（二）课程目标

1. 知识目标

（1）了解并掌握发动机电控系统的结构组成，了解其工作过程，掌握发动机电控系统的工作原理。

（2）了解发动机电控系统方面的新技术和发展方向和趋势。

（3）了解并掌握发动机电控系统的各种传感器、执行电器的结构、工作原理、工作特性、信号波形和重要技术参数。

（4）了解并掌握汽油发动机的燃油喷射系统、怠速控制系统、进气控制系统、排放控制系统、微机控制点火系统以及柴油机电控系统的结构组成；了解其控制原理、控制过程，理解其控制策略。懂得发动机电控系统的各种常用的软件保护机制。

2. 能力目标

（1）能按照汽车维修手册及规范要求正确拆卸、拆解及安装发动机电控系统；正确拆卸、拆解及安装传感器和执行器。

（2）能正确并熟练使用普通万用表、汽车专用万用表、示波器和故障解码仪等维修检测设备。

（3）能正确使用万用表、示波器通过测量端子或引脚的电压数值和检测电信号波形完成下列任务：会判断电路电源部分是否能正常供电；会判断电路有无断路和短路故障；会判断各种开关、继电器等配电组件是否损坏；会判断汽车传感器和执行器是否能工作正常；会判断整个电控系统是否工作正常；能判断出电控系统是否处于故障保护状态。

（4）会正确使用故障解码仪用读取故障码以及测实时动态数据流的方法判断电控系统是否工作正常并结合后续的电路检查诊断出故障点，排除故障。

（5）针对发动机电控系统的具体故障，能选用合适的仪器仪表，使用正确的检测方法并独立编排出诊断流程最终诊断出故障点排除故障。

3. 素质目标

（1）首先教会学生怎样做人，培养学生认真负责的做事态度，培养学生遇到困难迎难而上坚持到底的精神。

（2）培养学生的团队协助精神和沟通能力。

（3）培养学生在分析和解决问题时查阅资料、处理信息、独立思考的能力。

（4）帮助学生建立起结构严密的知识体系；引导学生把所学知识和技能总结上升到方法论的高度。

（5）培养学生的自主学习能力和创新能力。

（三）课程设计理念与思路

（1）紧密围绕学生今后职业岗位能力这个核心，确定课程体系；确定课程目标；确定授课方式和方法。

（2）根据岗位工作任务和内容，确定课程内容。

（3）以实际的工作任务为载体，设计教学情境。

（4）以认知规律和职业成长规律为依据，注重在教学中为学生今后的发展预留空间，储备相应的知识和方法论。

（四）教学进程安排

	学习模块	学习单元	学时
1	发动机电控系统简述	单元一 发动机电控系统简述	2
2	汽油机电控燃油喷射系统的检修	单元一 汽油机电控燃油喷射系统概述	16
		单元二 空气供给系统主要部件结构及工作原理	
		单元三 燃油供给系统主要部件结构及工作原理	
		单元四 电子控制系统主要部件结构及工作原理	
3	汽油机怠速控制系统的检修	单元一 怠速控制的目标	10
		单元二 怠速空气提供方式	
		单元三 怠速信号的产生与识别	
		单元四 怠速控制原理	
4	汽油机进气控制系统的检修	单元一 可变气门正时控制系统	12
		单元二 可变气门配气相位和气门升程控制系统	
		单元三 进气增压控制系统	
5	汽油机排放控制系统的检修	单元一 三元催化转换器与空燃比反馈控制系统	10
		单元二 废气再循环控制系统	
		单元三 二次空气供给系统	
		单元四 燃油蒸气排放控制系统	
6	汽油机微机控制点火系统的检修	单元一 微机控制点火系统的组成与功能	14
		单元二 点火提前角（点火正时）控制	
		单元三 初级线圈的通电时间控制	
		单元四 点火基准信号及点火提前角控制方式	
		单元五 微机控制点火系统分类	
7	柴油机电控系统的检修	单元一 柴油机电控技术概述	10
		单元二 高压共轨柴油机电控系统	
		单元三 柴油发动机空气系统的电子控制	
8	汽油机电控系统故障思路与自诊断	单元一 发动机不能起动	16
		单元二 发动机动力不足	
		单元三 发动机耗油量大	
		单元四 发动机怠速过高	
		单元五 发动机怠速不良	
		单元六 发动机进气回火	
		单元七 发动机排气管放炮	
		单元八 发动机冷起动困难	
	考试、复习及机动		6
	总计		64

（五）教学内容与要求

学习模块名称		模块一　发动机电控系统简述	课　时
			2
教学目标	知识目标	掌握发动机电控系统的组成及结构特点，了解并掌握发动机电控系统的工作原理	
	能力目标	掌握发动机电控系统的各组成结构及其特点	
	素质目标	使学生保持旺盛的学习、钻研和动手实践的热情	
学习单元		单元一发动机电控系统简述	
相关知识		发动机电控系统的控制策略	
教学设备、工具与媒体		电控原理图和特性曲线的黑板绘制；多媒体；实物图	
考核评价		课头提问；课中提问；作业打分；思考题的提问；测验	

学习模块名称		模块二汽油机电控燃油喷射系统的检修	课　时
			16
教学目标	知识目标	掌握汽车发动机电控燃油喷射系统的结构、组成件的作用；了解电控系统的控制的基本原理以及控制策略	
	能力目标	能诊断分析汽车发动机电控燃油喷射系统的常见故障，找到故障点并排除；掌握相关传感器以及执行器的拆装、检修方法以及试验方法	
	素质目标	激发出学生浓厚的学习兴趣和强烈的求知欲；培养学生的认真、严谨和负责的工作态度；培养学生的自主学习能力	
学习单元		单元一汽油机电控燃油喷射系统概述	
		单元二空气供给系统主要部件结构及工作原理	
		单元三燃油供给系统主要部件结构及工作原理	
		单元四电子控制系统主要部件结构及工作原理	
相关知识		发动机电控燃油喷射系统的控制策略	
教学设备、工具与媒体		投影仪、传感器及执行器实物	
考核评价		课头提问；课中提问；作业打分；思考题的提问；测验	

学习模块名称		模块三　汽油机怠速控制系统的检修	课　时
			10
教学目标	知识目标	掌握汽油机怠速控制系统的结构、组成件的作用；了解电控系统的控制的基本原理以及控制策略	
	能力目标	能诊断分析汽油机怠速控制系统的常见故障，找到故障点并排除；掌握相关传感器以及执行器的拆装、检修方法以及试验方法	
	素质目标	激发出学生浓厚的学习兴趣和强烈的求知欲；培养学生的认真、严谨和负责的工作态度；帮助学生建立起知识体系和总结方法论；培养学生的自主学习能力和创新能力	

续表

学习模块名称	模块三　汽油机怠速控制系统的检修	课　时
		10

学习单元	单元一怠速控制的目标
	单元二怠速空气提供方式
	单元三怠速信号的产生与识别
	单元四怠速控制原理

相关知识	汽油机怠速控制系统的控制策略
教学设备、工具与媒体	投影仪、传感器及执行器实物
考核评价	课头提问；课中提问；作业打分；思考题的提问；测验

学习模块名称		模块四　汽油机进气控制系统的检修	课　时
			12
教学目标	知识目标	掌握汽油机进气控制系统的结构、组成件的作用；了解电控系统的控制的基本原理以及控制策略	
	能力目标	能诊断分析汽油机进气控制系统的常见故障，找到故障点并排除；掌握相关传感器以及执行器的拆装、检修方法以及试验方法	
	素质目标	激发出学生浓厚的学习兴趣和强烈的求知欲并保持旺盛的学习热情；培养学生的认真、严谨和负责的工作态度；帮助学生建立起知识体系和总结方法论；培养学生的自主学习能力和创新能力	

学习单元	单元一可变气门正时控制系统
	单元二可变气门配气相位和气门升程控制系统
	单元三进气增压控制系统

相关知识	汽油机进气控制系统的控制策略
教学设备、工具与媒体	投影仪、传感器及执行器实物
考核评价	课头提问；课中提问；作业打分；思考题的提问；测验

学习模块名称		模块五　汽油机排放控制系统的检修	课　时
			10
教学目标	知识目标	掌握汽油机排放控制系统的结构、组成件的作用；了解电控系统的控制的基本原理以及控制策略	
	能力目标	能诊断分析汽油机排放控制系统的常见故障，找到故障点并排除；掌握相关传感器以及执行器的拆装、检修方法以及试验方法	
	素质目标	激发出学生的学习兴趣和强烈的求知欲并保持旺盛的学习热情；培养学生的认真、严谨和负责的工作态度；帮助学生建立起知识体系和总结方法论；培养学生自主学习能力和创新能力	

续表

学习模块名称	模块五　汽油机排放控制系统的检修	课　时
		10

学习单元	单元一三元催化转换器与空燃比反馈控制系统
	单元二废气再循环控制系统
	单元三二次空气供给系统
	单元四燃油蒸气排放控制系统

相关知识	汽油机排放控制系统的控制策略
教学设备、工具与媒体	投影仪、传感器及执行器实物
考核评价	课头提问；课中提问；作业打分；思考题的提问；测验

学习模块名称	模块六　汽油机微机控制点火系统的检修	课　时
		14

教学目标	知识目标	掌握汽油机微机控制点火系统的结构、组成件的作用；了解电控系统的控制的基本原理以及控制策略
	能力目标	能诊断分析汽油机微机控制点火系统的常见故障，找到故障点并排除；掌握相关传感器以及执行器的拆装、检修方法以及试验方法
	素质目标	激发出学生浓厚的学习兴趣和强烈的求知欲并保持旺盛的学习热情；培养学生的认真、严谨和负责的工作态度；帮助学生建立起知识体系和总结方法论；培养学生的自主学习能力和创新能力

学习单元	单元一微机控制点火系统的组成与功能
	单元二点火提前角（点火正时）控制
	单元三初级线圈的通电时间控制
	单元四点火基准信号及点火提前角控制方式
	单元五微机控制点火系统分类

相关知识	汽油机微机控制点火系统的控制策略
教学设备、工具与媒体	投影仪、传感器及执行器实物
考核评价	课头提问；课中提问；作业打分；思考题的提问；测验

学习模块名称	模块七　柴油机电控系统的检修	课　时
		10

教学目标	知识目标	掌握柴油机电控系统的结构、组成件的作用；了解电控系统的控制的基本原理以及控制策略
	能力目标	能诊断分析柴油机电控系统的常见故障，找到故障点并排除；掌握相关传感器以及执行器的拆装、检修方法以及试验方法
	素质目标	激发出学生浓厚的学习兴趣和强烈的求知欲并保持旺盛的学习热情；培养学生的认真、严谨和负责的工作态度；帮助学生建立起知识体系和总结方法论；培养学生的自主学习能力和创新能力

续表

学习模块名称	模块七 柴油机电控系统的检修	课 时
		10
学习单元	单元一柴油机电控技术概述	
	单元二高压共轨柴油机电控系统	
	单元三柴油发动机空气系统的电子控制	
相关知识	柴油机电控系统的控制策略	
教学设备、工具与媒体	投影仪、传感器及执行器实物	
考核评价	课头提问；课中提问；作业打分；思考题的提问；测验	

学习模块名称		模块八 汽油机电控系统故障思路与自诊断	课 时
			16
教学目标	知识目标	掌握汽油机电控系统故障诊断思路与自诊断方法	
	能力目标	会诊断汽车发动机电控系统的常见故障	
	素质目标	激发出学生浓厚的学习兴趣和强烈的求知欲并保持旺盛的学习热情；培养学生的认真、严谨和负责的工作态度；帮助学生建立起知识体系和总结方法论；培养学生的自主学习能力和创新能力	
学习单元		单元一发动机不能起动	
		单元二发动机动力不足	
		单元三发动机耗油量大	
		单元四发动机怠速过高	
		单元五发动机怠速不良	
		单元六发动机进气回火	
		单元七发动机排气管放炮	
		单元八发动机冷起动困难	
相关知识		发动机电控系统的工作原理	
教学设备、工具与媒体		投影仪	
考核评价		课头提问；课中提问；作业打分；思考题的提问；测验	

（六）考核评价

实施过程评价、阶段评价和总结评价。

（1）过程评价。过程评价是对学生在学习中的态度和解决问题的能力、对新技术的接受能力、与同学协作的能力、对新的应用环境的适应能力、社会活动能力、道德规范、安全意识等方面的评价。

（2）阶段评价。阶段评价是对学生进行本课程学习任务的评价，以某项目为内容，通过完成某一"任务"，对学生掌握发动机电控技术和基本技能的程度进行评价。

（3）总结评价。总结评价是对学生完成本课程学习后的综合评价，以实操考核、互动交流等多种形式，充分发挥学生的主动性和创造力，对学生解决实际问题的综合能力、创新精神和实践能力进行评价。

（七）实施建议

（1）教学中遵循以行动能力培养为目标、坚持项目引领、任务驱动的教学思想。在教学实施各环节中，教师的理论讲解和技能传授要尽可能采用启发引导式，启发学生去思考，经常从反面提出问题，以此来培养和提高学生独立思考和分析问题的能力，注重创新思维训练。

（2）采用讲授法、练习法、实践操作、课堂讨论等教学方法相结合，形象直观，用大量的应用实例提高学生的学习兴趣和积极性，提升专业技能。

（3）教学手段上要将多元化的现代教育技术手段有机结合，将传统教学方法、现代信息技术与实践操作有机结合，完成一套与课程整体设计和单元设计配套的立体化教学资料库。

（4）实践条件：要具备电控发动机台架、各种汽车传感器实物教具、整车、汽车发动机综合测试仪、汽车故障诊断仪（故障诊断仪、示波器）等教学实施，满足理实一体化教学需求。

二、《汽车底盘及车身电控系统检修》课程标准

课程类型：理实一体课
课程性质：必修课
适用专业：高职 – 汽车检测与维修 3 + 3
总学时：96

（一）课程性质与作用

《底盘及车身电控系统检修》是汽车 – 汽车检测与维修 3 + 3 专业的核心课程之一。本课程的教学内容：防滑电控系统；悬架电控系统；巡航电控系统；安全气囊电控系统；汽车总线技术等。

通过本门课程的学习，学生获得的岗位能力是：了解并掌握汽车电气设备、电控系统及关键部件以及控制电路的结构组成，了解其工作过程，理解其工作原理和控制原理，掌握其重要工作特性，最终能应用上述知识独立分析诊断汽车电路故障，能正确使用汽车维修诊断仪器仪表和设备检查出故障点并排除故障。

汽车检测与维修 3 + 3 专业的学生毕业要从事机电维修岗位必须通过并获得汽车检测与维修高级证等相关技能证书，而本门课程的理论和实践教学内容是汽车维修高级证书理论和实践考核项目的核心内容之一。

本课程的教学模式：以在专业教室的多媒体课堂教学为主，结合汽车电器实物现场演示，结合仿真软件练习。教学中强化与学生的实时互动及时发现学生的疑难点，当场解惑在课堂中；教学中以任务驱动方式和启发引导方式激发学生的学习积极性；用课头复习计分提问、课中互动提问来督导学生课后复习和提高课中的注意力；用先

讲基础理论知识、先讲典型案例和总结方法论而后引导学生独立排故和设计电路来提高学生的理论知识应用于实践的能力。

《底盘及车身电控系统检修》课程为中职《底盘结构与检修》《汽车电气设备构造与维修》的衔接课程，后续课程为：汽车检测与故障诊断；混合动力汽车结构与检修；纯电动汽车结构与检修、顶岗实习等。

（二）课程目标

1. 知识目标

（1）了解汽车底盘及车身电控系统方面的新技术和发展方向和趋势。

（2）了解并掌握汽车上众多的电控系统的各种传感器、执行电器的结构、工作原理、工作特性、信号波形和重要技术参数。

（3）了解并掌握电控自动变速器、ABS 系统、ASR 系统、电控悬架系统、巡航系统和安全气囊系统的结构组成、工作原理，理解其控制策略。

（4）了解汽车总线系统的组成、通信协议；了解汽车总线上各节点间数据通信的基本原理和通信过程；了解汽车正常的总线信号波形。

（5）了解当前汽车业内的新技术尤其是新电控技术，诸如混合动力汽车、纯电动汽车等。

2. 能力目标

（1）能按照汽车维修手册及规范要求正确拆卸、拆解及安装汽车底盘及车身电控系统；正确拆卸、拆解及安装汽车传感器和执行器。

（2）能正确并熟练使用普通万用表、汽车专用万用表、示波器和故障解码仪等维修检测设备。

（3）能正确使用万用表、示波器通过测量端子或引脚的电压数值和检测电信号波形完成下列任务：会判断电路电源部分是否能正常供电；会判断电路有无断路和短路故障；会判断各种开关、继电器等配电组件是否损坏；会判断汽车传感器和执行器是否能工作正常；会判断整个电控系统是否工作正常；能判断出电控系统是否处于故障保护状态。

（4）会正确使用故障解码仪用读取故障码以及测实时动态数据流的方法判断电控系统是否工作正常并结合后续的电路检查诊断出故障点，排除故障。

（5）掌握阅读各种车系电路原理图、线束接线图等图表的方法。通过阅读电路原理图掌握故障电路的工作原理、信号传输和控制流程；通过阅读线束图和接线图掌握各电路组成件的实际安装位置、接线关系。

（6）针对汽车电路的具体故障，能选用合适的仪器仪表，使用正确的检测方法并独立编排出诊断流程最终诊断出故障点排除故障。

3. 素质目标

（1）首先教会学生怎样做人，培养学生认真负责的做事态度，培养学生遇到困难迎难而上坚持到底的精神。

（2）培养学生的团队协助精神和沟通能力。

（3）培养学生在分析和解决问题时查阅资料、处理信息、独立思考的能力。

（4）帮助学生建立起结构严密的知识体系；引导学生把所学知识和技能总结上升到方法论的高度。

（5）培养学生的自主学习能力和创新能力。

（三）课程设计理念与思路

（1）紧密围绕学生今后职业岗位能力这个核心，确定课程体系；确定课程。

（2）目标；确定授课方式和方法。

（3）根据岗位工作任务和内容，确定课程内容。

（4）以实际的工作任务为载体，设计教学情境。

（5）以认知规律和职业成长规律为依据，注重在教学中为学生今后的发展预留空间，储备相应的知识和方法论。

（四）教学进程安排

学习模块		学习单元	学时
1	全车电路	单元一汽车电路的导线、线束、连接器、开关与继电器	10
		单元二汽车电路图的种类及读识方法	
		单元三汽车电路故障诊断的常用方法	
2	底盘及车身电控系统的传感器与执行器	单元一底盘及车身电控系统的传感器与执行器技术概述	10
		单元二汽车开关类传感器、电位计式传感器与气液体温度传感器	
		单元三基准位置、转角及转速传感器	
3	汽车电控防滑系统	单元一 ABS 与 ASR 检修	16
		单元二 EBD 与 ESP 检修	
4	电控悬架系统	单元一电控悬架系统的组成及工作原理	10
		单元二电控悬架系统的检修方法	
5	电控转向系统	单元一电控转向系统的分类及工作原理	10
		单元二电控转向系统的检修方法	
6	电控巡航控制系统	单元一电控巡航控制系统的组成及工作原理	10
		单元二电控巡航控制系统的检修方法	
7	汽车安全气囊	单元一电控安全气囊的组成及工作原理	10
		单元二电控安全气囊的检修方法	
8	汽车总线技术	单元一汽车总线的基础知识	12
		单元二汽车总线的信号传输、处理及控制	
		单元三车身 CAN 系统检修	
考试、复习及机动			8
总计			96

（五）教学内容与要求

学习模块名称		模块一　全车电路	课　时
			10
教学目标	知识目标	了解汽车电路导线、线束、开关、继电器和连接器的结构、种类和选用方法；掌握汽车电路的识图方法	
	能力目标	会正确选用汽车电路导线、开关、继电器；会读识汽车电路图；掌握汽车电路的常用诊断方法	
	素质目标	激发出学生浓厚的学习兴趣和强烈的求知欲并保持旺盛的学习热情；培养学生的认真、严谨和负责的工作态度；帮助学生建立起知识体系和总结方法论；培养学生的自主学习能力和创新能力	
学习单元		单元一汽车电路的导线、线束、连接器、开关与继电器	
		单元二汽车电路图的种类及读识方法	
		单元三汽车电路故障诊断的常用方法	
相关知识		按额定电流加余量选择导线截面积、直流继电器及续流保护	
教学设备、工具与媒体		投影仪、实用汽车电路原理图集、捷达整车电路实训台架	
考核评价		课头提问；课中提问；作业打分；思考题的提问；测验	

学习模块名称		模块二　底盘及车身电控系统的传感器与执行器	课　时
			10
教学目标	知识目标	理解汽车微电脑控制系统的基本控制信号流程和方式策略；重点掌握常用汽车传感器的结构和信号转换工作原理；重点掌握几个汽车执行电器的结构和工作原理	
	能力目标	会用测试辅助电路和仪器仪表、示波器等检测汽车传感器和执行器，判断其好坏	
	素质目标	激发出学生浓厚的学习兴趣和强烈的求知欲并保持旺盛的学习热情；培养学生的认真、严谨和负责的工作态度；帮助学生建立起知识体系和总结方法论；培养学生的自主学习能力和创新能力	
学习单元		单元一底盘及车身电控系统的传感器与执行器技术概述	
		单元二汽车开关类传感器、电位计式传感器与气液体温度传感器	
		单元三基准位置、转角及转速传感器	
相关知识		传感器信号转换理论、模拟和数字电信号、电磁感应原理、霍尔效应、半导体电阻应变片、电阻电桥	
教学设备、工具与媒体		投影仪、电控发动机台架、各种汽车传感器实物	
考核评价		课头提问；课中提问；作业打分；思考题的提问；测验	

学习模块名称		模块三　汽车电控防滑系统	课　时
			16
教学目标	知识目标	掌握 ABS、ASR、EBD、ESP 的系统组成和工作原理；了解其分类	
	能力目标	会用万用表、示波器检查系统各部件判断其是否在正常工作	
	素质目标	激发出学生浓厚的学习兴趣和强烈的求知欲并保持旺盛的学习热情；培养学生的认真、严谨和负责的工作态度；帮助学生建立起知识体系和总结方法论；培养学生的自主学习能力和创新能力。	
学习单元		单元一 ABS 与 ASR	
		单元二 EBD 与 ESP 介绍	
相关知识		滑移率—路面纵向和横向附着系数试验曲线、制动时汽车方向稳定性的影响因素、汽车行驶的附着条件	
教学设备、工具与媒体		投影仪、ABS 实训台架	
考核评价		课头提问；课中提问；作业打分；思考题的提问；测验	

学习模块名称		模块四　电控悬架系统	课　时
			10
教学目标	知识目标	掌握电控悬架系统的组成和工作原理	
	能力目标	会用万用表、示波器检查系统各部件判断其是否在正常工作	
	素质目标	激发出学生浓厚的学习兴趣和强烈的求知欲并保持旺盛的学习热情；培养学生的认真、严谨和负责的工作态度；帮助学生建立起知识体系和总结方法论；培养学生的自主学习能力和创新能力	
学习单元		单元一电控悬架系统的组成及工作原理	
		单元二电控悬架系统的检修方法	
相关知识		主动安全技术与被动安全技术，独立式以及非独立式悬架	
教学设备、工具与媒体		投影仪、实训台架	
考核评价		课头提问；课中提问；作业打分；思考题的提问；测验	

学习模块名称		模块五　电控转向系统	课　时
			10
教学目标	知识目标	掌握电控转向系统的分类、结构、各组成件的作用和各自工作原理；掌握电控转向系统控制原理	
	能力目标	能根据电控转向系统的故障现象结合必要的测试判断故障部位和原因；熟悉电控转向系统的诊断维修规范及流程	
	素质目标	激发出学生浓厚的学习兴趣和强烈的求知欲并保持旺盛的学习热情；培养学生的认真、严谨和负责的工作态度；帮助学生建立起知识体系和总结方法论；培养学生的自主学习能力和创新能力	

续表

学习模块名称	模块五　电控转向系统	课　时
		10
学习单元	单元一电控转向系统结构及基本工作原理	
	单元二电控转向系统检修	
	单元三线控转向	
相关知识	转向系统机械结构、液压系统结构和控制系统原理	
教学设备、工具与媒体	投影仪、电控转向系统实训台架、教学车	
考核评价	课头提问；课中提问；作业打分；思考题的提问；测验	

学习模块名称		模块六　电控巡航控制系统	课　时
			10
教学目标	知识目标	掌握电控巡航控制系统的组成和工作原理	
	能力目标	会用万用表、示波器检查系统各部件判断其是否在正常工作	
	素质目标	激发出学生浓厚的学习兴趣和强烈的求知欲并保持旺盛的学习热情；培养学生的认真、严谨和负责的工作态度；帮助学生建立起知识体系和总结方法论；培养学生的自主学习能力和创新能力	
学习单元		单元一电控巡航控制系统的组成及工作原理	
		单元二电控巡航控制系统的检修方法	
相关知识		主动安全技术与被动安全技术	
教学设备、工具与媒体		投影仪、实训台架	
考核评价		课头提问；课中提问；作业打分；思考题的提问；测验	

学习模块名称		模块七　汽车安全气囊	课　时
			10
教学目标	知识目标	了解安全气囊的工作时序；掌握安全气囊的组成和工作原理	
	能力目标	熟悉汽车安全气囊的诊断维修和更换的工作流程和规范要求	
	素质目标	激发出学生浓厚的学习兴趣和强烈的求知欲并保持旺盛的学习热情；培养学生的认真、严谨和负责的工作态度；帮助学生建立起知识体系和总结方法论；培养学生的自主学习能力和创新能力	
学习单元		单元一电控安全气囊的组成及工作原理	
		单元二电控安全气囊的检修方法	
相关知识		叠氮化钠的分解反应、冲量定律	
教学设备、工具与媒体		投影仪、安全气囊实训台架	
考核评价		课头提问；课中提问；作业打分；思考题的提问；测验	

学习模块名称	模块八　汽车总线技术	课　时
		12
教学目标	知识目标	了解汽车 CAN、LIN、MOST 等总线技术及总线的基本知识；以 CAN 总线为例掌握总线的系统组成、各组成件的作用和总线上信号传输和控制原理
	能力目标	能够分析典型汽车总线的结构；知晓汽车总线的故障诊断方法
	素质目标	激发出学生浓厚的学习兴趣和强烈的求知欲并保持旺盛的学习热情；培养学生的认真、严谨和负责的工作态度；帮助学生建立起知识体系和总结方法论；培养学生的自主学习能力和创新能力
学习单元		单元一汽车总线的基础知识
		单元二汽车总线的信号传输、处理及控制
		单元三车身 CAN 系统检修
相关知识		总线基本知识、总线协议、
教学设备、工具与媒体		投影仪、汽车总线实训台架
考核评价		课头提问；课中提问；作业打分；思考题的提问；测验

（六）考核评价

实施过程评价、阶段评价和总结评价。

（1）过程评价。它是对学生在学习中的态度和解决问题的能力、对新技术的接受能力、与同学协作的能力、对新的应用环境的适应能力、社会活动能力、道德规范、安全意识等方面的评价。

（2）阶段评价。它是对学生进行本课程学习任务的评价，以某项目为内容，通过完成某一"任务"，对学生掌握发动机电控技术和基本技能的程度进行评价。

（3）总结评价。它是对学生完成本课程学习后的综合评价，以实操考核、互动交流等多种形式，充分发挥学生的主动性和创造力，对学生解决实际问题的综合能力、创新精神和实践能力进行评价。

（七）实施建议

（1）教学中遵循以行动能力培养为目标、坚持项目引领、任务驱动的教学思想。在教学实施各环节中，教师的理论讲解和技能传授要尽可能采用启发引导式，启发学生去思考，经常从反面提出问题，以此来培养和提高学生独立思考和分析问题的能力，注重创新思维训练。

（2）采用讲授法、练习法、实践操作、课堂讨论等教学方法相结合，形象直观，用大量的应用实例提高学生的学习兴趣和积极性，提升专业技能。

（3）教学手段上要将多元化的现代教育技术手段有机结合，将传统教学方法、现代信息技术与实践操作有机结合，完成一套与课程整体设计和单元设计配套的立体化教学资料库。

（4）实践条件：要具备以上教学模块所需要的教学实施，满足理实一体化教学需求。

三、《汽车自动变速器检修》课程标准

课程类型：理实一体课

课程性质：必修课

适用专业：高职－汽车检测与维修3＋3

总学时：80

（一）课程性质与作用

《汽车自动变速器检修》是汽车－汽车检测与维修3＋3专业的核心课程之一。本课程的教学内容：自动变速器概述、液力变矩器、行星轮变速装置、液压控制系统、电液控制系统、自动变速器检测与故障诊断、无级自动变速器与双离合器变速器检修。

通过本门课程的学习，学生获得的岗位能力是：了解并掌握自动变速器的结构组成，了解其工作过程，理解其工作原理和控制原理，掌握其重要工作特性，最终能应用上述知识独立分析诊断汽车自动变速器故障，能正确使用汽车维修诊断仪器仪表和设备检查出故障点并排除故障。

本课程的教学模式：以在专业教室的多媒体课堂教学为主，结合汽车自动变速器实物现场演示，结合仿真软件练习。教学中强化与学生的实时互动及时发现学生的疑难点，当场解惑在课堂中；教学中以任务驱动方式和启发引导方式激发学生的学习积极性；用课头复习计分提问、课中互动提问来督导学生课后复习和提高课中的注意力；用先讲基础理论知识、先讲典型案例和总结方法论而后引导学生独立排故以提高学生的理论知识应用于实践的能力。

（二）课程目标

1. 知识目标

（1）能够熟练掌握自动变速器的类型、组成、构造、工作原理以及相关技术规定。

（2）能够熟练识读自动变速器油路控制图和电路控制图。

（3）能够使用油压表完成自动变速器油路故障诊断任务。

（4）能够根据故障现象准确判断故障部位。

（5）能够使用故障诊断仪完成自动变速器的故障诊断任务。

（6）能够用资料说明、核查、评价自身的工作成果。

（7）能根据相关法律、技术规定制定维修方案，保证维修质量。

（8）能检查修复后汽车自动变速器系统工作情况，在汽车移交过程中向客户介绍已完成的工作。

（9）能根据环境保护要求处理使用过的辅助材料以及损坏零部件。

2. 能力目标

（1）能按照维修手册及规范要求正确拆卸、拆解及安装汽车自动变速器；

（2）能正确并熟练使用普通万用表、汽车专用万用表、示波器和故障解码仪等维

修检测设备；

（3）能正确使用万用表、示波器通过测量端子或引脚的电压数值和检测电信号波形完成下列任务：

会判断自动变速器控制电路电源部分是否能正常供电；

会判断电路有无断路和短路故障；

会判断各种开关、继电器等配电组件是否损坏；

会判断汽车传感器和执行器是否能工作正常；

会判断整个电控系统是否工作正常；

能判断出电控系统是否处于故障保护状态。

（4）会正确使用故障解码仪阅读读取故障码以及测实时动态数据流的方法判断自动变速器电控系统是否工作正常并结合后续的电路检查诊断出故障点，排除故障。

（5）掌握阅读自动变速器液压油路原理图的方法。通过阅读油路原理图掌握故障油路的工作原理、信号传输和控制流程；通过阅读自动变速器控制电路图和接线图掌握各电路组成件的实际安装位置、接线关系。

（6）针对汽车自动变速器的具体故障，能选用合适的仪器仪表，使用正确的检测方法并独立编排出诊断流程最终诊断出故障点排除故障。

3. 素质目标

（1）首先教会学生怎样做人，培养学生认真负责的做事态度，培养学生遇到困难迎难而上坚持到底的精神。

（2）培养学生的团队协助精神和沟通能力。

（3）培养学生在分析和解决问题时查阅资料、处理信息、独立思考的能力。

（4）帮助学生建立起结构严密的知识体系；引导学生把所学知识和技能总结上升到方法论的高度。

（5）培养学生的自主学习能力和创新能力。

（三）课程设计理念与思路

（1）紧密围绕学生今后职业岗位能力这个核心，确定课程体系；确定课程目标；确定授课方式和方法。

（2）根据岗位工作任务和内容，确定课程内容。

（3）以实际的工作任务为载体，设计教学情境。

（4）以认知规律和职业成长规律为依据，注重在教学中为学生今后的发展预留空间，储备相应的知识和方法论。

（四）教学进程安排

学习模块		学习单元	学时
1	自动变速器概述	单元一　自动变速器的基本组成	6
		单元二　自动变速器分类与型号识别	
		单元三　自动变速器的使用	

续表

学习模块		学习单元	学时
2	液力变矩器	单元一　液力变矩器结构与工作原理	10
		单元二　液力变矩器变矩原理	
		单元三　液力变矩器故障诊断与检修	
		单元四　实训设计	
3	行星轮变速装置	单元一　行星轮机构的传动原理和结构	14
		单元二　行星轮变速装置换档执行元件结构与工作原理	
		单元三　行星轮变速装置换档执行元件检修	
		单元四　辛普森式行星轮变速装置结构与工作原理	
		单元五　拉维奈尔赫式行星轮变速系统结构与工作原理	
		单元六　行星轮变速装置传动结构实物剖析	
		单元七　实训设计	
4	液压控制系统	单元一　液压控制系统组成与工作原理	10
		单元二　ATF 供油循环装置组成与工作原理	
		单元三　液压控制阀结构与工作原理	
		单元四　阀体结构与检修	
		单元五　液控自动变速器档位油路分析	
		单元六　丰田 A43D 自动变速器档位液压油循环	
		单元七　实训设计	
5	电液控制系统	单元一　电液控制系统结构与基本工作原理	10
		单元二　电液控制系统输入装置	
		单元三　电控单元功能	
		单元四　电液控制系统电磁阀	
		单元五　电液控制自动变速器油液工作原理与油路分析	
		单元六　电液控制自动变速器 EA43D 档位工作原理与液压油循环	
		单元七　01M 自动变速器档位工作原理与液压油循环	
		单元八　实训设计	
6	自动变速器检测与故障诊断	单元一　自动变速器的基本检查与调整	8
		单元二　自动变速器性能试验与故障分析	
		单元三　自动变速器的故障诊断	
		单元四　实训设计	
7	无级自动变速器与双离合器变速器检修	单元一　无级自动变速器检修	16
		单元二　DSG 双离合器变速器检修	
	考试、复习及机动		6
	总计		80

（五）教学内容与要求

学习模块名称		模块一　自动变速器概述	课　时
			6
教学目标	知识目标	掌握自动变速器的基本组成，自动变速器分类与型号识别，自动变速器的使用	
	能力目标	熟悉了解液力变矩器、齿轮变速装置、控制系统，了解自动变速器的分类以及型号识别	
	素质目标	使学生保持旺盛的学习、钻研和动手实践的热情	
学习单元		单元一　自动变速器的基本组成	
		单元二　自动变速器分类与型号识别	
		单元三　自动变速器的使用	
相关知识		手动变速器	
教学设备、工具与媒体		控制原理图等；多媒体；变速器实物	
考核评价		课头提问；课中提问；作业打分；思考题的提问；测验	

学习模块名称		模块二　液力变矩器	课　时
			10
教学目标	知识目标	掌握液力变矩器结构与工作原理，液力变矩器变矩原理，液力变矩器故障诊断与检修	
	能力目标	能诊断分析液力变矩器的常见故障，找到故障点并排除	
	素质目标	激发出学生浓厚的学习兴趣和强烈的求知欲；培养学生的认真、严谨和负责的工作态度；培养学生的自主学习能力。	
学习单元		单元一　液力变矩器结构与工作原理	
		单元二　液力变矩器变矩原理	
		单元三　液力变矩器故障诊断与检修	
		单元四　实训设计	
相关知识		液力变矩器的拆装	
教学设备、工具与媒体		投影仪、整体式汽车变速器实物、液力变矩器实物	
考核评价		课头提问；课中提问；作业打分；思考题的提问；测验	

学习模块名称		模块三　行星轮变速装置	课　时
			14
教学目标	知识目标	掌握行星轮机构的传动原理和结构，行星轮变速装置换档执行元件结构与工作原理，行星轮变速装置换档执行元件检修，辛普森式行星轮变速装置结构与工作原理，拉维奈尔赫式行星轮变速系统结构与工作原理，行星轮变速装置传动结构实物剖析	
	能力目标	掌握典型行星轮变速装置的拆装、检测和试验方法；掌握行星轮变速装置常见故障的诊断方法	
	素质目标	激发出学生浓厚的学习兴趣和强烈的求知欲；培养学生的认真、严谨和负责的工作态度；帮助学生建立起知识体系和总结方法论；培养学生的自主学习能力和创新能力	
学习单元		单元一　行星轮机构的传动原理和结构	
		单元二　行星轮变速装置换档执行元件结构与工作原理	
		单元三　行星轮变速装置换档执行元件检修	
		单元四　辛普森式行星轮变速装置结构与工作原理	
		单元五　拉维奈尔赫式行星轮变速系统结构与工作原理	
		单元六　行星轮变速装置传动结构实物剖析	
		单元七　实训设计	
相关知识		辛普森式行星轮变速装置	
教学设备、工具与媒体		投影仪、汽车自动变速器实物	
考核评价		课头提问；课中提问；作业打分；思考题的提问；测验	

学习模块名称		模块四　液压控制系统	课　时
			10
教学目标	知识目标	掌握液压控制系统组成与工作原理，ATF供油循环装置组成与工作原理，液压控制阀结构与工作原理，阀体结构与检修，液控自动变速器档位油路分析，丰田A43D自动变速器档位液压油循环	
	能力目标	能熟悉自动变速器的液压油路并能找到故障点	
	素质目标	激发出学生浓厚的学习兴趣和强烈的求知欲并保持旺盛的学习热情；培养学生的认真、严谨和负责的工作态度；帮助学生建立起知识体系和总结方法论；培养学生的自主学习能力和创新能力	

续表

学习模块名称	模块四　液压控制系统		课　时
			10
学习单元	单元一　液压控制系统组成与工作原理		
	单元二　ATF 供油循环装置组成与工作原理		
	单元三　液压控制阀结构与工作原理		
	单元四　阀体结构与检修		
	单元五　液控自动变速器档位油路分析		
	单元六　丰田 A43D 自动变速器档位液压油循环		
	单元七　实训设计		
相关知识	丰田 A43D 自动变速器液压油循环		
教学设备、工具与媒体	投影仪、液压油循环示意图		
考核评价	课头提问；课中提问；作业打分；思考题的提问；测验		

学习模块名称		模块五　电液控制系统	课　时
			10
教学目标	知识目标	掌握电液控制系统结构与基本工作原理，电液控制系统输入装置，电控单元功能，电液控制系统电磁阀，电液控制自动变速器油液工作原理与油路分析，电液控制自动变速器 EA43D 档位工作原理与液压油循环，01M 自动变速器档位工作原理与液压油循环	
	能力目标	掌握点也控制系统的基本工作原理	
	素质目标	激发出学生的学习兴趣和强烈的求知欲并保持旺盛的学习热情；培养学生的认真、严谨和负责的工作态度；帮助学生建立起知识体系和总结方法论；培养学生自主学习能力和创新能力。	
学习单元		单元一电液控制系统结构与基本工作原理	
		单元二电液控制系统输入装置	
		单元三电控单元功能	
		单元四电液控制系统电磁阀	
		单元五电液控制自动变速器油液工作原理与油路分析	
		单元六电液控制自动变速器 EA43D 档位工作原理与液压油循环	
		单元七01M 自动变速器档位工作原理与液压油循环	
		单元八实训设计	
相关知识		01M 自动变速器	
教学设备、工具与媒体		投影仪、自动变速器实物	
考核评价		课头提问；课中提问；作业打分；思考题的提问；测验	

学习模块名称		模块六 自动变速器检测与故障诊断	课 时
			8
教学目标	知识目标	掌握自动变速器的基本检查与调整，自动变速器性能试验与故障分析，自动变速器的故障诊断	
	能力目标	能诊断并排除汽车自动变速器的故障	
	素质目标	激发出学生浓厚的学习兴趣和强烈的求知欲并保持旺盛的学习热情；培养学生的认真、严谨和负责的工作态度；帮助学生建立起知识体系和总结方法论；培养学生的自主学习能力和创新能力	
学习单元		单元一 自动变速器的基本检查与调整	
		单元二 自动变速器性能试验与故障分析	
		单元三 自动变速器的故障诊断	
		单元四 实训设计	
相关知识		自动变速器的典型故障	
教学设备、工具与媒体		投影仪、实训台架	
考核评价		课头提问；课中提问；作业打分；思考题的提问；测验	

学习模块名称		模块七 无级自动变速器与双离合器变速器检修	课 时
			16
教学目标	知识目标	掌握无级自动变速器，DSG双离合器变速器结构与原理	
	能力目标	掌握故障诊断方法	
	素质目标	激发出学生浓厚的学习兴趣和强烈的求知欲并保持旺盛的学习热情；培养学生的认真、严谨和负责的工作态度；帮助学生建立起知识体系和总结方法论；培养学生的自主学习能力和创新能力	
学习单元		单元一 无级自动变速器	
		单元二 DSG双离合器变速器	
相关知识		CVT、DSG	
教学设备、工具与媒体		投影仪、实训台架	
考核评价		课头提问；课中提问；作业打分；思考题的提问；测验	

（六）考核评价

实施过程评价、阶段评价和总结评价。

（1）过程评价。它是对学生在学习中的态度和解决问题的能力、对新技术的接受能力、与同学协作的能力、对新的应用环境的适应能力、社会活动能力、道德规范、安全意识等方面的评价。

（2）阶段评价。它是对学生进行本课程学习任务的评价，以某项目为内容，通过完成某一"任务"，对学生掌握发动机电控技术和基本技能的程度进行评价。

（3）总结评价。它是对学生完成本课程学习后的综合评价，以实操考核、互动交流等多种形式，充分发挥学生的主动性和创造力，对学生解决实际问题的综合能力、创新精神和实践能力进行评价。

（七）实施建议

（1）教学中遵循以行动能力培养为目标、坚持项目引领、任务驱动的教学思想。在教学实施各环节中，教师的理论讲解和技能传授要尽可能采用启发引导式，启发学生去思考，经常从反面提出问题，以此来培养和提高学生独立思考和分析问题的能力，注重创新思维训练。

（2）采用讲授法、练习法、实践操作、课堂讨论等教学方法相结合，形象直观，用大量的应用实例提高学生的学习兴趣和积极性，提升专业技能。

（3）教学手段上要将多元化的现代教育技术手段有机结合，将传统教学方法、现代信息技术与实践操作有机结合，完成一套与课程整体设计和单元设计配套的立体化教学资料库。

（4）实践条件：要具备以上教学模块所需要的教学实施，满足理实一体化教学需求。

四、《汽车空调检修》课程标准

课程类型：理实一体课

课程性质：必修课

适用专业：高职－汽车检测与维修 3 + 3

总学时：64

（一）课程性质与作用

《汽车空调检修》是汽车－汽车检测与维修 3 + 3 专业的核心课程之一。

本课程的教学内容、汽车空调基础知识、空调制冷系统部件结构与检修、汽车空调系统电气控制、汽车空调的取暖、通风与配气系统、汽车空调自动控制系统、汽车空调系统的检测与维修基础、汽车空调系统结构与检修实例。

通过本门课程的学习，学生获得的岗位能力是：了解并掌握汽车空调系统的结构组成，了解其工作过程，理解其工作原理和控制原理，掌握其重要工作特性，最终能应用上述知识独立分析诊断汽车空调故障，能正确使用汽车维修诊断仪器仪表和设备检查出故障点并排除故障。

本课程的教学模式：以在专业教室的多媒体课堂教学为主，结合汽车空调实物现场演示，结合仿真软件练习。教学中强化与学生的实时互动及时发现学生的疑难点，当场解惑在课堂中；教学中以任务驱动方式和启发引导方式激发学生的学习积极性；

用课头复习计分提问、课中互动提问来督导学生课后复习和提高课中的注意力；用先讲基础理论知识、先讲典型案例和总结方法论而后引导学生独立排故以提高学生的理论知识应用于实践的能力。

（二）课程目标

1. 知识目标

（1）能说明汽车空调系统的组成、工作原理与技术要求。

（2）掌握汽车空调制冷和取暖系统主要部件的检修方法。

（3）掌握汽车空调系统的常见故障检测、诊断、排除方法。

2. 能力目标

（1）能按照汽车维修手册及规范要求正确拆卸、拆解及安装汽车空调。

（2）能正确并熟练使用普通万用表、汽车专用万用表、示波器和故障解码仪等维修检测设备。

（3）会汽车空调系统电路图的识图。会汽车空调制冷系统主要部件的维护、拆装、维修。

（4）会用检测维修专用工具，会分析汽车空调制冷系统的常见故障并按汽车维修行业规范排除故障。

（5）会汽车空调取暖系统和通风系统主要部件的维护、拆装、维修。

（6）会用检测维修专用工具，会分析汽车空调取暖系统和通风系统的常见故障并按汽车维修行业规范排除故障。

（7）会制定汽车空调系统故障诊断流程。

3. 素质目标

（1）首先教会学生怎样做人，培养学生认真负责的做事态度，培养学生遇到困难迎难而上坚持到底的精神。

（2）培养学生的团队协助精神和沟通能力。

（3）培养学生在分析和解决问题时查阅资料、处理信息、独立思考的能力。

（4）帮助学生建立起结构严密的知识体系；引导学生把所学知识和技能总结上升到方法论的高度。

（5）培养学生的自主学习能力和创新能力。

（三）课程设计理念与思路

（1）紧密围绕学生今后职业岗位能力这个核心，确定课程体系；确定课程目标；确定授课方式和方法；

（2）根据岗位工作任务和内容，确定课程内容；

（3）以实际的工作任务为载体，设计教学情境；

（4）以认知规律和职业成长规律为依据，注重在教学中为学生今后的发展预留空间，储备相应的知识和方法论。

（四）教学进程安排

学习模块		学习单元	学时
1	汽车空调基础知识	单元一　汽车空调热力学知识	8
		单元二　汽车空调技术的应用与发展	
		单元三　汽车空调制冷剂对环境的影响	
		单元四　汽车空气调节的内容	
		单元五　汽车空调系统的分类	
		单元六　制冷剂与冷冻润滑油	
		单元七　汽车空调制冷系统原理与组成	
2	空调制冷系统部件结构与检修	单元一　压缩机	8
		单元二　冷凝器	
		单元三　蒸发器	
		单元四　热力膨胀阀和节流管	
		单元五　储液干燥器、集液器及管路接头	
3	汽车空调系统电气控制	单元一　空调常用保护与控制装置	8
		单元二　蒸发器的压力控制	
		单元三　汽车空调的真空控制装置	
		单元四　空调温度自动控制	
		单元五　汽车空调系统的发动机控制	
		单元六　汽车空调电路分析	
		单元七　典型空调控制电路的综合读图分析	
4	汽车空调的取暖、通风与配气系统	单元一　汽车空调暖风系统	6
		单元二　汽车通风和空气净化系统	
		单元三　汽车空调控制面板的操作	
5	汽车空调自动控制系统	单元一　自动空调的功能及基本组成	8
		单元二　自动空调系统的工作原理	
		单元三　自动空调的传感器	
		单元四　自动空调系统控制执行机构及控制模式	
6	汽车空调系统的检测与维修基础	单元一　汽车空调的正确使用与维护保养	8
		单元二　汽车空调故障诊断方法	
		单元三　汽车空调系统维修工具的使用	
		单元四　汽车空调维修操作技能	
7	汽车空调系统结构与检修实例	单元一　奥迪系列自动空调控制系统	12
		单元二　丰田卡罗拉自动空调系统	
		单元三　别克林荫大道轿车自动空调系统	
考试、复习及机动			6
总计			64

（五）教学内容与要求

学习模块名称		模块一　汽车空调基础知识	课　时
			8
教学目标	知识目标	掌握汽车空调热力学知识，汽车空调技术的应用与发展，汽车空调制冷剂对环境的影响，汽车空气调节的内容，汽车空调系统的分类，制冷剂与冷冻润滑油，汽车空调制冷系统原理与组成	
	能力目标	掌握汽车空调基础知识	
	素质目标	使学生保持旺盛的学习、钻研和动手实践的热情	
学习单元		单元一　汽车空调热力学知识	
		单元二　汽车空调技术的应用与发展	
		单元三　汽车空调制冷剂对环境的影响	
		单元四　汽车空气调节的内容	
		单元五　汽车空调系统的分类	
		单元六　制冷剂与冷冻润滑油	
		单元七　汽车空调制冷系统原理与组成	
相关知识		物体的状态	
教学设备、工具与媒体		多媒体；空调实物	
考核评价		课头提问；课中提问；作业打分；思考题的提问；测验	

学习模块名称		模块二　空调制冷系统部件结构与检修	课　时
			8
教学目标	知识目标	掌握压缩机、冷凝器、蒸发器、热力膨胀阀和节流管、储液干燥器、集液器及管路接头	
	能力目标	掌握空调制冷系统部件结构与检修	
	素质目标	激发出学生浓厚的学习兴趣和强烈的求知欲；培养学生的认真、严谨和负责的工作态度；培养学生的自主学习能力。	
学习单元		单元一　压缩机	
		单元二　冷凝器	
		单元三　蒸发器	
		单元四　热力膨胀阀和节流管	
		单元五　储液干燥器、集液器及管路接头	
相关知识		变排量压缩机	
教学设备、工具与媒体		投影仪、汽车空调实物	
考核评价		课头提问；课中提问；作业打分；思考题的提问；测验	

学习模块名称		模块三 汽车空调系统电气控制	课 时
			8
教学目标	知识目标	掌握空调常用保护与控制装置、蒸发器的压力控制、汽车空调的真空控制装置、空调温度自动控制、汽车空调系统的发动机控制、汽车空调电路分析、典型空调控制电路的综合读图分析	
	能力目标	掌握汽车空调系统电气控制原理	
	素质目标	激发出学生浓厚的学习兴趣和强烈的求知欲；培养学生的认真、严谨和负责的工作态度；帮助学生建立起知识体系和总结方法论；培养学生的自主学习能力和创新能力	
学习单元		单元一 空调常用保护与控制装置	
		单元二 蒸发器的压力控制	
		单元三 汽车空调的真空控制装置	
		单元四 空调温度自动控制	
		单元五 汽车空调系统的发动机控制	
		单元六 汽车空调电路分析	
		单元七 典型空调控制电路的综合读图分析	
相关知识		汽车空调系统的发动机	
教学设备、工具与媒体		投影仪、汽车空调系统实物	
考核评价		课头提问；课中提问；作业打分；思考题的提问；测验	

学习模块名称		模块四 汽车空调的取暖、通风与配气系统	课 时
			6
教学目标	知识目标	掌握汽车空调暖风系统、汽车通风和空气净化系统、汽车空调控制面板的操作	
	能力目标	掌握汽车空调的取暖、通风与配气系统的故障检修	
	素质目标	激发出学生浓厚的学习兴趣和强烈的求知欲并保持旺盛的学习热情；培养学生的认真、严谨和负责的工作态度；帮助学生建立起知识体系和总结方法论；培养学生的自主学习能力和创新能力	
学习单元		单元一 汽车空调暖风系统	
		单元二 汽车通风和空气净化系统	
		单元三 汽车空调控制面板的操作	
相关知识		汽车空调控制面板	
教学设备、工具与媒体		投影仪、汽车空调系统实物	
考核评价		课头提问；课中提问；作业打分；思考题的提问；测验	

学习模块名称	模块五　汽车空调自动控制系统	课　时
		8

教学目标	知识目标	掌握自动空调的功能及基本组成、自动空调系统的工作原理、自动空调的传感器、自动空调系统控制执行机构及控制模式
	能力目标	掌握汽车空调自动控制系统
	素质目标	激发出学生的学习兴趣和强烈的求知欲并保持旺盛的学习热情；培养学生的认真、严谨和负责的工作态度；帮助学生建立起知识体系和总结方法论；培养学生自主学习能力和创新能力。
学习单元	单元一　自动空调的功能及基本组成	
	单元二　自动空调系统的工作原理	
	单元三　自动空调的传感器	
	单元四　自动空调系统控制执行机构及控制模式	
相关知识	自动空调的电控系统	
教学设备、工具与媒体	投影仪、实训台架	
考核评价	课头提问；课中提问；作业打分；思考题的提问；测验	

学习模块名称	模块六　汽车空调系统的检测与维修基础	课　时
		8

教学目标	知识目标	掌握汽车空调的正确使用与维护保养、汽车空调故障诊断方法、汽车空调系统维修工具的使用、汽车空调维修操作技能
	能力目标	掌握汽车空调系统的检测与维修基础
	素质目标	激发出学生浓厚的学习兴趣和强烈的求知欲并保持旺盛的学习热情；培养学生的认真、严谨和负责的工作态度；帮助学生建立起知识体系和总结方法论；培养学生的自主学习能力和创新能力
学习单元	单元一　汽车空调的正确使用与维护保养	
	单元二　汽车空调故障诊断方法	
	单元三　汽车空调系统维修工具的使用	
	单元四　汽车空调维修操作技能	
相关知识	空调维修操作技能	
教学设备、工具与媒体	投影仪、实训台架	
考核评价	课头提问；课中提问；作业打分；思考题的提问；测验	

学习模块名称		模块七　汽车空调系统结构与检修实例	课　时
			12
教学目标	知识目标	掌握奥迪系列自动空调控制系统、丰田卡罗拉自动空调系统、别克林荫大道轿车自动空调系统	
	能力目标	掌握汽车空调系统结构与检修	
	素质目标	激发出学生浓厚的学习兴趣和强烈的求知欲并保持旺盛的学习热情；培养学生的认真、严谨和负责的工作态度；帮助学生建立起知识体系和总结方法论；培养学生的自主学习能力和创新能力	
学习单元		单元一　奥迪系列自动空调控制系统	
		单元二　丰田卡罗拉自动空调系统	
		单元三　别克林荫大道轿车自动空调系统	
相关知识		大众轿车自动空调系统	
教学设备、工具与媒体		投影仪、整车电路台架	
考核评价		课头提问；课中提问；作业打分；思考题的提问；测验	

（六）考核评价

实施过程评价、阶段评价和总结评价。

（1）过程评价。过程评价是对学生在学习中的态度和解决问题的能力、对新技术的接受能力、与同学协作的能力、对新的应用环境的适应能力、社会活动能力、道德规范、安全意识等方面的评价。

（2）阶段评价。阶段评价是对学生进行本课程学习任务的评价，以某项目为内容，通过完成某一"任务"，对学生掌握发动机电控技术和基本技能的程度进行评价。

（3）总结评价。总结评价是对学生完成本课程学习后的综合评价，以实操考核、互动交流等多种形式，充分发挥学生的主动性和创造力，对学生解决实际问题的综合能力、创新精神和实践能力进行评价。

（七）实施建议

（1）教学中遵循以行动能力培养为目标、坚持项目引领、任务驱动的教学思想。在教学实施各环节中，教师的理论讲解和技能传授要尽可能采用启发引导式，启发学生去思考，经常从反面提出问题，以此来培养和提高学生独立思考和分析问题的能力，注重创新思维训练。

（2）采用讲授法、练习法、实践操作、课堂讨论等教学方法相结合，形象直观，用大量的应用实例提高学生的学习兴趣和积极性，提升专业技能。

（3）教学手段上要将多元化的现代教育技术手段有机结合，将传统教学方法、现代信息技术与实践操作有机结合，完成一套与课程整体设计和单元设计配套的立体化教学资料库。

（4）实践条件：要具备以上教学模块所需的教学实施，满足理实一体化教学需求。

第三节

新能源汽车方向拓展课程标准

一、《新能源汽车概论》课程标准

课程类型：理论课

课程性质：必修课

适用专业：高职 – 汽车检测与维修 "3 + 3"

总学时：30

（一）课程性质和作用

《新能源汽车概论》课程是汽车检测与维修专业一门重要的专业必修课，涉及新能源汽车的电机、电池、驱动系统布置及控制方面的知识。通过本课程的教学，要求学生了解和掌握新能源汽车的概念、基本原理，掌握纯电动汽车、混合动力电动汽车、燃油电池电动汽车等的构造、基本原理以及能量存储系统，燃料电池及其在车辆中的应用，为以后从事汽车及新能源汽车检测、服务等方面工作打下良好的基础。

（二）课程目标

本课程系统地讲授新能源汽车的定义、发展新能源汽车的必要性及国内外新能源汽车的发展概况，讲授纯电动汽车、混合动力电动汽车、燃料电池电动汽车等各种新能源汽车的结构、基本原理及性能指标等基础知识，使学生熟悉电动汽车用动力电池、电动汽车用电动机等新能源汽车部件的结构及其工作原理，了解其他新能源汽车的特点、结构与原理以及发展现状与趋势。

1. 知识目标

（1）了解主要类型的新能源汽车各系统、各部件的功用、组成和类型。

（2）熟悉主要类型的新能源汽车各系统、各部件的基本结构和工作原理。

（3）了解新能源汽车的发展现状及趋势。

2. 能力目标

（4）具有认识各种新能源汽车的能力。

（5）具有运用所学知识与技能解决生产实际问题的能力。

（6）具有自学能力，以适应现代新能源汽车新结构和新技术发展变化。

3. 素质目标

（1）课程形成热爱科学，实事求是，辩证思维、独立思考的能力。

（2）具有理论联系实际的学习态度，并且具有创新精神。

（3）具有安全文明生产意识。

（4）具有良好的职业道德观念和热爱专业、吃苦耐劳、勤奋进取的敬业精神。

（5）通过学习小组探究学习培养良好的团队合作精神。

（三）课程设计理念与思路

1. 课程设计理念

（1）构建以"岗位职业能力和综合素质培养"为主线的教学方式。

（2）加强校企合作，坚持产学研结合。

（3）课程采取教、学、做一体化的教学模式。

2. 课程设计思路

本课程采取教师为主导，学生为主体的教学方法，将理论知识融入学生的训练过程中，使学生掌握各类新能源汽车基本结构，工作原理；学会新能源汽车电池系统的检测、安装；新能源汽车电机系统的检测、安装；新能源汽车的故障检测等。课程设计充分体现课程的职业性、实践性和开放性。

（四）教学进程安排

模块		教学单元	课时分配
1	新能源汽车基础	单元一　绪论	6
		单元二　电动汽车电能源	
		单元三　电动汽车电动机	
2	电动汽车	单元一　纯电动汽车	14
		单元二　混合动力汽车	
		单元三　燃料电池电动汽车	
3	其他清洁能源汽车	单元一　天然气汽车	4
		单元二　气动汽车和太阳能汽车	
		单元三　其他代用燃料汽车	
4	电动汽车其他技术	单元一　电动汽车底盘技术	6
		单元二　电动汽车充电技术	
		单元三　电动汽车技术发展	
复习			2
考查			2
总计			34

（五）教学内容和要求

学习模块名称	模块一　新能源汽车基础	课　时
		6

教学目标	知识目标	（1）了解新能源汽车的定义和分类；了解汽车的新能源及新能源汽车发展概述。 （2）了解电动汽车用各类动力电池的分类、工作原理及性能指标。 （3）熟悉电动汽车用电动机的分类，及常用类型电机的结构、特点和工作原理
	能力目标	（1）能够判别各种电动汽车用动力电池的实用场合。 （2）能够对铅酸蓄电池技术状况进行检查和维护。 （3）能够拆装直流电动机总成，能检测直流电动机各部件。 （4）能够用检测工具对各种电动机进行初步的检测
	素质目标	培养学生的团队协助精神和沟通能力；培养学生在分析和解决问题时查阅资料、处理信息、独立思考的能力；培养学生的认真、严谨的工作态度
学习单元		单元一　绪论
		单元二　电动汽车电能源
		单元三　电动汽车电动机
相关知识		新能源汽车基本概念、分类、历史与发展等；各类电动汽车动力电池结构、原理、性能等基本知识；能量管理系统；电动汽车电机基本结构、原理及检测等基本知识
教学设备、工具与媒体		常用测量工具和仪表、投影仪、零部件等
考核评价		应了解新能源汽车基本分类，了解电动汽车动力电池、电动机的基本结构、原理；能够使用测量仪器对电池与电机进行基本维护与检测

学习模块名称	模块二　电动汽车	课　时
		14

教学目标	知识目标	（1）了解电动汽车的基本概念、特征与分类；熟悉纯电动汽车的分类及特点。 （2）掌握纯电动汽车、混合动力电动汽车、燃料电池电动汽车的组成和工作原理，驱动系统的布置形式。 （3）了解电动汽车经济性评价指标。 （4）了解电动汽车的技术参数及检测要求
	能力目标	能够使用检测工具检测电动汽车技术参数，能初步分析电动汽车典型故障
	素质目标	培养学生的团队协助精神和沟通能力；培养学生在分析和解决问题时查阅资料、处理信息、独立思考的能力；培养学生的认真、严谨的工作态度；培养学生的自主学习能力

续表

学习模块名称	模块二　电动汽车	课　时
		14
学习单元	单元一　纯电动汽车	
	单元二　混合动力电动汽车	
	单元三　燃料电池电动汽车	
相关知识	电动汽车基本概念、分类、历史与发展等；纯电动汽车、混合动力电动汽车、燃料电池电动汽车的组成和工作原理，驱动系统的布置形式等	
教学设备、工具与媒体	常用测量工具和仪表、零部件、多媒体教室等	
考核评价	应了解电动汽车基本分类，历史、发展趋势；应掌握纯电动汽车、混合动力电动汽车、燃料电池电动汽车的组成和工作原理，驱动系统的布置形式；应能够使用检测工具检测电动汽车技术参数，能初步分析电动汽车典型故障	

学习模块名称		模块三　其他清洁能源汽车	课　时
			4
教学目标	知识目标	（1）了解电动汽车外的清洁能源汽车的种类。 （2）了解天然气汽车的分类、特点、结构与原理以及发展现状及趋势。 （3）了解液化石油气汽车的特点、结构与原理以及发展现状及趋势。 （4）了解甲醇燃料汽车的定义、特点以及发展现状及趋势。 （5）了解乙醇燃料汽车的定义、特点以及发展现状及趋势。 （6）了解太阳能汽车的结构、原理、特点以及发展现状及趋势	
	能力目标	（1）能够对电动汽车之外的代用燃料汽车的结构特点、工作原理有所认识。 （2）能对太阳能汽车、气动汽车的基本原理有所认识。 （3）能够使用检测工具检测代用燃料汽车的技术参数	
	素质目标	培养学生的团队协助精神和沟通能力；培养学生在分析和解决问题时查阅资料、处理信息、独立思考的能力；培养学生的认真、严谨的工作态度	
学习单元		单元一　天然气汽车	
		单元二　气动汽车和太阳能汽车	
		单元三　其他代用燃料汽车	
相关知识		天然气汽车、甲醇燃料等代用燃料汽车、压缩空气汽车、太阳能汽车基本结构、原理。	
教学设备、工具与媒体		常用测量工具和仪表、投影仪、零部件等	
考核评价		应了解除电动汽车外的清洁能源汽车的基本分类，它们的基本结构、原理；能够使用检测工具检测代用燃料汽车的技术参数	

学习模块名称		模块四 电动汽车其他技术	课 时
			6
教学目标	知识目标	（1）掌握电动汽车再生制动技术。 （2）熟悉电动汽车的充电基本知识。 （3）了解电动汽车底盘其他技术。 （4）了解电动汽车的技术发展趋势	
	能力目标	（1）能够掌握对电动汽车再生制动原理。 （2）能熟悉电动汽车充电的基本程序和操作注意点。 （3）能够关注电动汽车发展的前沿技术	
	素质目标	培养学生的团队协助精神和沟通能力；培养学生在分析和解决问题时查阅资料、处理信息、独立思考的能力；培养学生的认真、严谨的工作态度	
学习单元		单元一 电动汽车底盘技术	
		单元二 电动汽车充电技术	
		单元三 电动汽车技术发展	
相关知识		电动汽车制动技术、再生制动、能量回收原理；电动汽车充电基本知识等	
教学设备、工具与媒体		常用测量工具和仪表、投影仪、零部件等	
考核评价		应能够掌握对电动汽车再生制动原理；应能熟悉电动汽车充电的基本程序和操作注意点；应能够查阅资料了解电动汽车发展的前沿技术	

（六）课程考核

1. 考核方式

为加强素质教育，可灵活选择考核方式（笔试、口试、开卷、闭卷、半开卷等），有下列情况可适当加分：

公开发表与本课程内容相关的论文；实施课程相关的实践创新训练项目等

2. 成绩构成

课程总成绩 = 过程考核成绩×30% + 课后作业成绩×10% + 平时表现×10% + 期末闭卷笔试成绩×50%。

（七）教学条件

1. 实践条件

为保证学生顺利实施与完成项目任务，本课程的教学场地包括：多媒体教室、新能源汽车实验室、新能源汽车及零部件、校外实践基地（新能源汽车生产企业）等。

2. 师资条件

教师中高、中、初级职称的组成结构梯队合理，都具有"双师"素质，其中具有丰富的企业一线工作经验的教师多名。

3. 教材选用与编写

选用教材具备以下特点：

（1）适用性。教材的选用是根据新能源汽车产业涉及的岗位对专业知识、专业技能所必须的基本知识和基本技能的需要，同时考虑到学生的可持续性发展的需要，选择教材用书和参考用书。

（2）先进性。授课教材《新能源汽车概论》，此教材是机械工业出版社出版的高等职业教育十三五规划教材。

（七）实施建议

（1）教学中遵循以行动能力培养为目标、坚持项目引领、任务驱动的教学思想。在教学实施各环节中，教师的理论讲解和技能传授要尽可能采用启发引导式，启发学生去思考，经常从反面提出问题，以此来培养和提高学生独立思考和分析问题的能力，注重创新思维训练。

（2）采用讲授法、实验教学、课堂讨论等教学方法结合，形象直观，让学生对新能源汽车的结构和工作原理有所了解，提高学生的学习兴趣和积极性。

（3）教学手段上要将多元化的现代教育技术手段有机结合，将传统教学方法与现代多媒体教学手段有机结合。

二、《纯电动汽车结构与检修》课程标准

课程类型：理实一体课

课程性质：必修课

适用专业：高职－汽车检测与维修 3＋3

总学时：50

（一）课程性质与作用

本课程是汽车检测与维修 3＋3 在新能源维修方向拓展的核心课程。主要内容是纯电动汽车结构与控制技术，具体内容包括：电动汽车的主体结构认识，主要介绍传动系统、能源系统、驱动电机；电动汽车循环冷却技术认识，主要介绍电池组冷却、电机冷却、控制器冷却；电动汽车能量补充系统认识，主要介绍充电系统、制动能量回收；等等。电动汽车辅助系统认识，主要介绍电动转向系统、电控制动系统、电动空调系统、电动冷却系统、辅助 DC/DC 转换器等等；典型的纯电动汽车结构认识与检修方法，主要介绍整体开发的纯电动汽车（如荣威 E50）；改装式的纯电动汽车（如福特福克斯）；未来的纯电动汽车技术。课程以理论讲授和实物操作相互结合，集中讲授与学生分组学习交替进行。通过本课程的学习，学生能够掌握纯电动汽车结构与控制技术的主要内容，并且学会使用通用工具、专用工具、设备和相关资料等进行规范作业。同时，培养学生生产安全、环保、效率、5S 要求、团队协作等意识和素养。

（二）课程目标

1. 知识目标

（1）在教师指导下，学生以独立或小组合作的形式进行学习。

（2）能描述传动系统、能源系统、驱动电机等电动汽车的主体结构。

（3）能描述电池组冷却、电机冷却、控制器冷却等电动汽车循环冷却技术。

（4）能描述充电系统、制动能量回收等等电动汽车能量补充系统。

（5）能描述电动转向系统、电控制动系统、电动空调系统、电动冷却系统、辅助DC/DC转换器等等电动汽车辅助系统。

（6）知道整体开发的纯电动汽车、改装式的纯电动汽车等典型纯电动动力汽车的结构以及未来的纯电动汽车技术。

2. 能力目标

（1）具有查阅和应用维修资料的能力。

（2）具有使用维护通用工具、汽车举升器、维护检测专用工具及测量仪器设备的能力。

（3）完成电动汽车相关保养和维修的能力。

（4）具有自学能力，以适应现代电动汽车新结构和新技术发展变化。

3. 素质目标

（1）课程形成热爱科学，实事求是，辩证思维、独立思考的能力。

（2）具有理论联系实际的学习态度，并且具有创新精。

（3）具有安全文明生产意识。

（4）具有良好的职业道德观念和热爱专业、吃苦耐劳、勤奋进取的敬业精神。

（5）通过学习小组探究学习培养良好的团队合作精神。

（三）课程设计理念与思路

1. 课程设计理念

（1）构建以"岗位职业能力和综合素质培养"为主线的教学方式。

（2）加强校企合作，坚持产学研结合。

（3）课程采取教、学、做一体化的教学模式。

2. 课程设计思路

本课程采取教师为主导，学生为主体的教学方法，将理论知识融入学生的训练过程中，使学生掌握电动汽车的故障检测与维修的基本操作技能等。课程设计充分体现课程的职业性、实践性和开放性。

（四）教学进程安排

模块		教学单元	课时分配
1	电动汽车的主体结构认识	单元一　传动系统	10
		单元二　能源系统	
		单元三　驱动电机	

续表

模块		教学单元		课时分配
2	电动汽车循环冷却技术认识	单元一	电池组冷却	10
		单元二	电机冷却	
		单元三	控制器冷却	
3	电动汽车能量补充系统认识	单元一	充电系统	4
		单元二	制动能量回收	
4	电动汽车辅助系统	单元一	电动转向系统	10
		单元二	电控制动系统	
		单元三	电动空调系统	
		单元四	电动冷却系统	
		单元五	辅助 DC/DC 转换器	
5	典型的纯电动汽车结构认识	单元一	整体开发的纯电动汽车	12
		单元二	改装式的纯电动汽车	
		单元三	未来纯电动汽车技术	
复习				2
考试				2
总计				50

（五）教学内容与要求

学习模块名称		模块一　电动汽车的主体结构认识	课　时
			10
教学目标	学习目标	通过本任务学习，应能描述： 1. 纯电动汽车传动系统的结构、原理与应用。 2. 纯电动汽车能源系统的结构、原理与应用。 3. 纯电动汽车驱动电机的结构、原理与应用	
	学习内容	1. 传动系统。 2. 能源系统。 3. 驱动电机	
	评价建议	1. 自我评价 各小组在任务实施过程中，对照实施活动自查任务完成的准确程度，做好过程记录，根据过程记录，自我评价解决方案的合理性。 2. 小组评价 （1）小组内部评价； （2）未作业小组对作业小组进行监督检查，重点检查作业的规范程度，并做记录。小组间交叉评价（重点评价方案的合理性、可操作性和经济性） 3. 教师评价 根据学生自评结果、小组互评结果、实施过程及完成方案进行综合评价	

续表

学习模块名称		模块一　电动汽车的主体结构认识	课　时
			10
教学目标	教学建议与说明	1. 建议采用多媒体资源进行结构原理的学习。 2. 上车实践操作和电脑模拟情境中相结合	

学习模块名称		模块二　电动汽车循环冷却技术认识	课　时
			10
教学目标	学习目标	通过本任务学习，应能描述： 1. 纯电动电池组冷却系统的结构原理。 2. 纯电动电池电机冷却系统的结构原理。 3. 纯电动电池组控制器冷却系统的结构原理；等等	
	学习内容	1. 电池组冷却系统。 2. 电机冷却系统。 3. 控制器冷却系统	
	评价建议	1. 自我评价 各小组在任务实施过程中，对照实施活动自查任务完成的准确程度，做好过程记录，根据过程记录，自我评价解决方案的合理性。 2. 小组评价 （1）小组内部评价。 （2）未作业小组对作业小组进行监督检查，重点检查作业的规范程度，并做记录。小组间交叉评价（重点评价方案的合理性、可操作性和经济性） 3. 教师评价 根据学生自评结果、小组互评结果、实施过程及完成方案进行综合评价	
	教学建议与说明	1. 建议安排学生在模拟情境的实验台架上进行操作，在车上观察仪表显示数据进行判断。 2. 在车上实践训练务必注意安全问题，不得破坏原车的各种安全保护设备，以防发生危险	

学习模块名称		模块三　电动汽车能量补充系统认识	课　时
			4
教学目标	学习目标	通过本任务学习，应能描述： 1. 充电系统的组成原理； 2. 制动能量回收系统的结构原理；等等	
	学习内容	1. 充电系统。 2. 制动能量回收系统；等等	

续表

学习模块名称		模块三　电动汽车能量补充系统认识	课　时
			4
教学目标	评价建议	1. 自我评价 各小组在任务实施过程中，对照实施活动自查任务完成的准确程度，做好过程记录，根据过程记录，自我评价解决方案的合理性。 2. 小组评价 （1）小组内部评价； （2）未作业小组对作业小组进行监督检查，重点检查作业的规范程度，并做记录。小组间交叉评价（重点评价方案的合理性、可操作性和经济性） 3. 教师评价 根据学生自评结果、小组互评结果、实施过程及完成方案进行综合评价
	教学建议与说明	建议采用教师讲解和操作进行教学； 学生理论描述和实操训练相结合

学习模块名称		模块四　电动汽车辅助系统	课　时
			10
教学目标	学习目标	通过本任务学习，应能描述： 1. 电动转向系统的组成原理。 2. 电控制动系统的组成原理。 3. 电动空调系统的组成原理。 4. 电动冷却系统的组成原理。 5. 辅助 DC/DC 转换器的组成原理；等等
	学习内容	1. 电动转向系统。 2. 电控制动系统。 3. 电动空调系统。 4. 电动冷却系统。 5. 辅助 DC/DC 转换器；等等
	评价建议	1. 自我评价 各小组在任务实施过程中，对照实施活动自查任务完成的准确程度，做好过程记录，根据过程记录，自我评价解决方案的合理性。 2. 小组评价 （1）小组内部评价； （2）未作业小组对作业小组进行监督检查，重点检查作业的规范程度，并做记录。小组间交叉评价（重点评价方案的合理性、可操作性和经济性） 3. 教师评价 根据学生自评结果、小组互评结果、实施过程及完成方案进行综合评价。
	教学建议与说明	建议采用教师讲解和操作进行教学； 学生理论描述和实操训练相结合

学习模块名称		模块五　典型的纯电动汽车结构认识及检修	课　时
			12
教学目标	学习目标	通过本任务学习，应能描述： 1. 整体开发的纯电动汽车（如荣威 E50）的结构组成与工作原理。 2. 改装式的纯电动汽车（如福特福克斯）的结构组成与工作原理。 3. 未来的纯电动汽车技术	
	学习内容	1. 整体开发的纯电动汽车（如荣威 E50）。 2. 改装式的纯电动汽车（如福特福克斯）。 3. 未来的纯电动汽车技术	
	评价建议	1. 自我评价 各小组在任务实施过程中，对照实施活动自查任务完成的准确程度，做好过程记录，根据过程记录，自我评价解决方案的合理性。 2. 小组评价 （1）小组内部评价。 （2）未作业小组对作业小组进行监督检查，重点检查作业的规范程度，并做记录。小组间交叉评价（重点评价方案的合理性、可操作性和经济性） 3. 教师评价 根据学生自评结果、小组互评结果、实施过程及完成方案进行综合评价	
	教学建议与说明	建议采用教师讲解和操作进行教学； 学生理论描述和实操训练相结合	

（六）课程评价考核

1. 关注学生个体差异；

2. 注重学习过程的评价与考核，借鉴企业对员工完成工作任务的考核内容和考核方式；

3. 在职业能力评价时注重专业能力（知识与技能）和关键能力内容的整合；

4. 采用自我评价、小组评价和教师评价相结合的评价与考核方式。

（七）实践教学条件

为保证学生顺利实施与完成项目任务，本课程的教学场地包括多媒体教室、电动汽车实验室、电动汽车及零部件、校外实践基地（新能源汽车生产企业）等。以下为配置标准参考。

序号	设备名称	单位	数量	技术要求	备注
1	实训车辆	辆	4	根据本地区主流车型进行配置（共用）。	
2	汽车举升器工位	个	4	含压缩气路、工作灯和尾气抽排设备（共用）。	

续表

序号	设备名称	单位	数量	技术要求	备注
3	工作台	台	4	共用	
4	拆装专用工具	套	4	与汽车和各总成配套（共用）	
5	常用工具	套	4	或采用 56 件套装工具	
6	工具车	台	4		
7	零件车	台	4		
8	数字万用表	个	10	通用	
9	纯电动汽车各主要总成	台	2	荣威 E50；北汽 EV160 等。	
10	高压防护电气绝缘手套	副	10		
11	其他相关设备	套	4		

（八）实施建议

1. 建议本课程采用理论与实践一体化的教学模式和行动导向的教学方法；

2. 教学场所中应设置理论教学区和实操教学区，最好在理论教学区中还能设置学习讨论区，配备课程中各学习任务所需的挂图、纯电动汽车使用手册、维修手册、维修资料、维修数据计算机查询系统等；

3. 为保证教学安全和实践效果，建议每位指导教师负责组织和指导 15 – 20 个学生，学生分组控制在 4 – 8 人/组；

4. 教师在讲授或演示教学中，尽量使用多媒体教学设备，配备丰富的课件、解剖总成或零部件等教学辅助设备；

5. 教学内容在实际教学过程中，要以实际的行业技术进展、师资、学生、场地和设备等条件进行调整，并结合本地区企业生产实际、具体学习任务对教学时间和教学内容进行不断修改和完善。

三、《混合动力汽车结构与检修》课程标准

课程类型：理实一体课

课程性质：必修课

适用专业：高职 – 汽车检测与维修 3 + 3

总学时：68

（一）课程性质与作用

本课程主要内容是混合动力汽车结构与控制技术，具体内容包括：混合动力汽车的结构认识，主要介绍串联式、并联式、混联式，以及混合动力汽车的发动机、动力耦合装置和辅助动力单元；插电式混合动力汽车 PHEV 的结构认识，主要包括 PHEV 的结构原理、电池组工作模式、PHEV 的应用等；混合动力汽车动力控制系统的认识，主要介绍整车能量管理系统、发动机控制、变频器与电机控制、离合器控制、制动控

制、电池能量管理系统（BMS）等；典型混合动力汽车的结构认识，主要介绍丰田普锐斯混合动力系统、本田思域（CIVIC）轿车混合动力系统、别克君越轿车混合动力系统等。课程以理论讲授和实物操作相互结合，集中讲授与学生分组学习交替进行。通过本课程的学习，学生能够掌握混合动力汽车结构与控制技术的主要内容，并且学会使用通用工具、专用工具、设备和相关资料等进行规范作业。同时，培养学生生产安全、环保、效率、5S要求、团队协作等意识和素养。

（二）课程目标

1. 知识目标

（1）能描述串联式、并联式、混联式，以及混合动力汽车的发动机、动力耦合装置和辅助动力单元等混合动力汽车的结构类型和总成。

（2）能描述插电式混合动力汽车PHEV的结构原理、电池组工作模式、PHEV的应用等插电式混合动力汽车PHEV。

（3）能描述整车能量管理系统、发动机控制、变频器与电机控制、离合器控制、制动控制、电池能量管理系统（BMS）等混合动力汽车动力控制系统。

（4）知道丰田普锐斯混合动力系统、本田思域（CIVIC）轿车混合动力系统、别克君越轿车混合动力系统等典型混合动力汽车的结构。

2. 能力目标

（1）具有查阅和应用维修资料的能力。

（2）在教师指导下，学生以独立或小组合作的形式进行学习。

（3）具有使用维护通用工具、汽车举升器、维护检测专用工具及测量仪器设备的能力。

（4）完成典型混合动力电动汽车相关保养和维修的能力。

（5）具有自学能力，以适应现代混合动力电动汽车新结构和新技术发展变化。

3. 素质目标

（1）课程形成热爱科学，实事求是，辩证思维、独立思考的能力。

（2）具有理论联系实际的学习态度，并且具有创新精神。

（3）具有安全文明生产意识。

（4）具有良好的职业道德和热爱专业、吃苦耐劳、勤奋进取的敬业精神。

（5）通过学习小组探究学习培养良好的团队合作精神。

（三）课程设计理念与思路

1. 课程设计理念

（1）构建以"岗位职业能力和综合素质培养"为主线的教学方式。

（2）加强校企合作，坚持产学研结合。

（3）课程采取教、学、做一体化的教学模式。

2. 课程设计思路

本课程采取教师为主导，学生为主体的教学方法，将理论知识融入学生的训练过程中，使学生掌握混合动力电动汽车的故障检测与维修的基本操作技能等。课程设计充分体现课程的职业性、实践性和开放性。

（四）教学进程安排

模块		教 学 单 元	课时分配
1	混合动力汽车的结构认识	单元一　串联式混合动力汽车	12
		单元二　并联式混合动力汽车	
		单元三　混联式混合动力汽车	
		单元四　混合动力汽车的发动机	
		单元五　混合动力汽车的辅助动力	
		单元六　混合动力汽车的动力耦合装置	
2	插电式混合动力汽车	单元一　PHEV 的结构原理	8
		单元二　PHEV 的电池组工作模式	
		单元三　PHEV 的应用	
		单元二　制动能量回收	
3	混合动力汽车动力控制系统认识	单元一　整车能量管理系统	28
		单元二　发动机控制	
		单元三　变频器与电机控制	
		单元四　离合器控制	
		单元五　制动控制	
		单元六　电池能量管理系统（BMS）	
4	典型混合动力汽车的结构认识	单元一　丰田普锐斯混合动力系统	14
		单元二　本田思域（CIVIC）轿车混合动力系统	
		单元三　别克君越轿车混合动力系统	
	复习		2
	考试		2
	总　　计		68

（五）教学内容与要求

学习模块名称		模块一　混合动力汽车的结构认识	课 时
			12
教学目标	学习目标	通过本任务学习，应能描述： 1. 串联式混合动力汽车的结构、原理与应用。 2. 并联式混合动力汽车的结构、原理与应用。 3. 混联式混合动力汽车的结构、原理与应用。 4. 混合动力汽车发动机的结构、原理与应用。 5. 混合动力汽车辅助动力单元的结构、原理与应用。 6. 混合动力汽车动力耦合装置的结构、原理与应用	

续表

学习模块名称		模块一　混合动力汽车的结构认识	课　时
			12
教学目标	学习内容	1. 串联式混合动力汽车。 2. 并联式混合动力汽车。 3. 混联式混合动力汽车。 4. 混合动力汽车的发动机。 2. 混合动力汽车的辅助动力单元。 6. 混合动力汽车的动力耦合装置	
	评价建议	1. 自我评价 各小组在任务实施过程中，对照实施活动自查任务完成的准确程度，做好过程记录，根据过程记录，自我评价解决方案的合理性。 2. 小组评价 （1）小组内部评价； （2）未作业小组对作业小组进行监督检查，重点检查作业的规范程度，并做记录。小组间交叉评价（重点评价方案的合理性、可操作性和经济性） 3. 教师评价 根据学生自评结果、小组互评结果、实施过程及完成方案进行综合评价	
	教学建议与说明	1. 建议采用多媒体资源进行结构原理的学习； 2. 上车实践操作和电脑模拟情境中相结合	

学习模块名称		模块二　插电式混合动力汽车 PHEV 的结构认识	课　时
			12
教学目标	学习目标	通过本任务学习，应能描述： 1. PHEV 的结构原理。 2. PHEV 的电池组工作模式。 3. PHEV 的应用；等等	
	学习内容	1. PHEV 的结构原理。 2. PHEV 的电池组工作模式。 3. PHEV 的应用	
	评价建议	1. 自我评价 各小组在任务实施过程中，对照实施活动自查任务完成的准确程度，做好过程记录，根据过程记录，自我评价解决方案的合理性。 2. 小组评价 （1）小组内部评价； （2）未作业小组对作业小组进行监督检查，重点检查作业的规范程度，并做记录。小组间交叉评价（重点评价方案的合理性、可操作性和经济性） 3. 教师评价 根据学生自评结果、小组互评结果、实施过程及完成方案进行综合评价。	

续表

学习模块名称		模块二　插电式混合动力汽车 PHEV 的结构认识	课　时
			12
教学目标	教学建议与说明	1. 建议安排学生在模拟情境的实验台架上进行操作，在车上观察仪表显示数据进行判断； 2. 在车上实践训练务必注意安全问题，不得破坏原车的各种安全保护设备，以防发生危险	

学习模块名称		模块三　混合动力汽车动力控制系统的认识	课　时
			12
教学目标	学习目标	通过本任务学习，应能描述： 1. 整车能量管理系统的组成原理。 2. 发动机控制结构原理。 3. 变频器与电机控制的结构原理。 4. 离合器控制的结构原理。 5. 制动控制的结构原理。 6. 电池能量管理系统（BMS）的结构原理；等等	
	学习内容	1. 整车能量管理系统。 2. 发动机控制。 3. 变频器与电机控制。 4. 离合器控制。 5. 制动控制。 6. 电池能量管理系统（BMS）等	
	评价建议	1. 自我评价 各小组在任务实施过程中，对照实施活动自查任务完成的准确程度，做好过程记录，根据过程记录，自我评价解决方案的合理性。 2. 小组评价 （1）小组内部评价； （2）未作业小组对作业小组进行监督检查，重点检查作业的规范程度，并做记录。小组间交叉评价（重点评价方案的合理性、可操作性和经济性） 3. 教师评价 根据学生自评结果、小组互评结果、实施过程及完成方案进行综合评价	
	教学建议与说明	建议采用教师讲解和操作进行教学； 学生理论描述和实操训练相结合	

学习模块名称		模块四 典型混合动力汽车的结构认识	课　时
			12
教学目标	学习目标	通过本任务学习，应能描述和识别： 1. 丰田普锐斯混合动力系统的结构组成与工作原理。 2. 本田思域（CIVIC）轿车混合动力系统的结构组成与工作原理。 3. 别克君越轿车混合动力系统的结构组成与工作原理	
	学习内容	1. 丰田普锐斯混合动力系统。 2. 本田思域（CIVIC）轿车混合动力系统。 3. 别克君越轿车混合动力系统	
	评价建议	1. 自我评价 各小组在任务实施过程中，对照实施活动自查任务完成的准确程度，做好过程记录，根据过程记录，自我评价解决方案的合理性。 2. 小组评价 （1）小组内部评价； （2）未作业小组对作业小组进行监督检查，重点检查作业的规范程度，并做记录。小组间交叉评价（重点评价方案的合理性、可操作性和经济性） 3. 教师评价 根据学生自评结果、小组互评结果、实施过程及完成方案进行综合评价	
	教学建议与说明	建议采用教师讲解和操作进行教学； 学生理论描述和实操训练相结合	

（六）课程评价考核

（1）关注学生个体差异；

（2）注重学习过程的评价与考核，借鉴企业对员工完成工作任务的考核内容和考核方式；

（3）在职业能力评价时注重专业能力（知识与技能）和关键能力内容的整合；

（4）采用自我评价、小组评价和教师评价相结合的评价与考核方式。

（七）实践教学条件

为保证学生顺利实施与完成项目任务，本课程的教学场地包括：多媒体教室、电动汽车实验室、电动汽车及零部件、校外实践基地（新能源汽车生产企业）等。以下为配置标准参考。

序号	设备名称	单位	数量	技术要求	备注
1	实训车辆	辆	4	根据本地区主流车型进行配置（共用）。	
2	汽车举升器工位	个	4	含压缩气路、工作灯和尾气抽排设备（共用）。	
3	工作台	台	4	共用	

续表

序号	设备名称	单位	数量	技术要求	备注
4	拆装专用工具	套	4	与汽车和各总成配套（共用）	
5	常用工具	套	4	或采用56件套装工具	
6	工具车	台	4		
7	零件车	台	4		
8	数字万用表	个	10	通用	
9	混合动力汽车各主要总成	台	2	丰田普锐斯；本田思域（CIVIC）；别克君越轿车	
10	高压防护电气绝缘手套	副	10		
11	其他相关设备	套	4		

（八）实施建议

（1）建议本课程采用理论与实践一体化的教学模式和行动导向的教学方法。

（2）教学场所中应设置理论教学区和实操教学区，最好在理论教学区中还能设置学习讨论区，配备课程中各学习任务所需的挂图、纯电动汽车使用手册、维修手册、维修资料、维修数据计算机查询系统等。

（3）为保证教学安全和实践效果，建议每位指导教师负责组织和指导15－20个学生，学生分组控制在4－8人/组。

（4）教师在讲授或演示教学中，尽量使用多媒体教学设备，配备丰富的课件、解剖总成或零部件等教学辅助设备。

（5）教学内容在实际教学过程中，要以实际的行业技术进展、师资、学生、场地和设备等条件进行调整，并结合本地区企业生产实际、具体学习任务对教学时间和教学内容进行不断修改和完善。

第四章

"校企双导师制" 中高职衔接人才培养模式研究

在中高职教育衔接中，如何针对学生不同阶段的成长规律和个性特点，实施行之有效的人才培养模式，达到不同阶段的教育目标是具体实施过程中的关键。中职阶段由于学生入学普遍年龄较小，人生观、世界观还没有建立。因此，普遍采取班主任管理制。但是到了高职阶段，随着生理和心理的成长，个性特点也开始凸显，这也阶段也是知识和技能获取的重要阶段，是高技能人才培养目标实现的关键阶段，单一的班主任管理制显然不能满足人才培养的需求。

本课题研究也就旨在基于学生个性特点和企业行业对人才的需求特征基础上，在班主任管理制外，探索一条以项目训练为主导、以"知识获取＋能力建设＋人格养成"三位一体为培养目标，校企在深度融合的基础上实现互利互惠的人才培养新模式和具体的实施途径。具体研究要点如下：

（1）调研分析多种类型的"校企合作、工学结合"的人才培养模式，分析国内高职院校"导师制"研究现状和实施情况，提出"校企双导师制"在中高职衔接教育高职段实施的必要性。

（2）课题对"校企双导师制"人才培养模式的内涵及价值进行了分析，对实施的前提条件进行了研究，并构建了基本的运行体系。

（3）课题通过具体的实践研究，提出了"三级六段式工学结合"的"校企双导师制"人才培养模式具体实施方案。实施方案的核心是学生通过在工学交替，在校内外导师团队指导下完成"10个1"任务，达成"成为一名高素质技能型专门人才"的最终目标。

（4）研究探索一套具体可操作性的实施途径。提出了校企共建"订单班""引企入校"、与紧密性合作企业建设稳定的顶岗实习平台、校企互建导师工作站、互建培训基地等具体的实施途径。

（5）在针对学生个性特点和个性化发展需求，如何因材施教、培养具有一定特色的技术技能人才，课题提出通过搭建大学生实践创新训练平台、创业实践平台、技能竞赛平台，实施"校企双导师制"人才培养模式来解决这一难题。

第一节

概　述

一、研究背景

（一）政策背景

胡锦涛同志指出，全面实施素质教育是教育改革和发展的战略主题，是贯彻党的教育方针的时代要求，核心是解决好培养什么人、怎样培养人的重大问题，重点是面向全体学生、促进学生的全面发展。

教育部《关于全面提高高等职业教育教学质量的若干意见》（教高〔2006〕16号）提出："深刻认识高等职业教育全面提高教学质量的重要性和紧迫性；加强素质教育，强化职业道德，明确培养目标"等意见。

教育部《关于加强高职教育人才培养工作的意见》明确指出，高职学生培养目标是"高等技术应用性专门人才"，"重点掌握从事本专业领域实际工作的基本能力和基本技能"。为高职院校指明未来的人才培养目标和专业技能定位。

《国家高等职业教育发展规划（2010—2015年）》中指出：我国高职院校应"以校企共建专业为载体，以卓越技师教育培养计划为抓手"来培养高技能人才。

教职成〔2011〕12号文件提出："高等职业教育必须准确把握定位和发展方向，自觉承担起服务经济发展方式转变和现代产业体系建设的时代责任，主动适应区域经济社会发展需要，培养数量充足、结构合理的高端技能型专门人才，在促进就业、改善民生方面以及全面建设小康社会的历史进程中发挥不可替代的作用。"

《国家中长期教育改革和发展规划纲要（2010—2020年）》在谈到如何更新人才培养观念和创新人才培养模式时强调：目的是以提高人才培养质量为重点，

探索学校之间、校企之间、学校与科研机构之间合作以及中外合作等多种联合培养方式，形成体系开放、机制灵活、渠道互通、选择多样的人才培养体制；注重知行统一和注重因材施教，以实现学历证书和职业资格证书"双证书"制度，推进职业学校专业课程内容和职业标准相衔接。

由此可见，建立高职院校与企业联合培养高技能人才是我国高等职业教育改革的重要方向，建立健全适应新形势需要的基于校企合作的技术应用型专业人才培养模式是高职教育教学改革面临的一项重要任务。

（二）现实背景

高职教育之所以能在西方发达国家取得巨大的成功，除了政策支持和企业参与等因素外，一个重要的原因是专业班级规模小、班级人数少，而我国高职院校的专业班级规模大、人数多。如果仅传授一般理论知识，教学效果影响不大，但如果进行专业教学，效果则会大打折扣，让一个企业接纳一个班级学生的实训实习几乎不可能。这就促使我们思考：什么样的教育模式符合高职教育规律，既能弥补传统课堂运作模式的不足，又能更好地培养技术应用型专门人才。高职教育是以就业为导向的教育，所培养的学生不仅具有扎实的基础理论和良好的职业道德，也能很快进入社会、融入企业。我国高职院校基本采用"班建制"，这种班级管理模式沿袭了传统的课堂运作模式，无法真正发挥学生学习的主动性和创新性，也无法满足当代大学生的个性特点需求。高校经历大规模的扩招后，教师资源基本处于超负荷状态，专业教师承担的课务较重，课外与学生接触很少"，班建制"模式的弊端不断暴露出来。此外，由于高职学生从中学进入高职院校本身就是一个很大的跨越，在这个跨越中，学生原有的思维方式和学习模式都要进行改变。面对大学开放、广阔的学习环境，部分高职学生对所学专业的知识结构认识模糊，对自身的职业前景与个人发展无法进行准确定位。高职院校的人才培养模式存在以下问题：

1. 学生管理与专业教学无法形成合力

长期以来，高职院校的学生管理工作主要由年级辅导员负责，教学工作则由专业教师承担。虽然对于学生而言，学习进步和思想进步是统一的，但高职院校管理机构的分工将本来一体化的大学生活分成两部分。高职院校的辅导员基本都是非专业出身，一般只负责学生的思想政治教育和班级的日常管理，无法了解学生的专业特点、课程体系、专业技能培训特点等。由于工作分工问题，专业课教师很少了解学生的思想状况、学生学习中遇到的困难以及就业需要的专业指导等，导致学生管理工作和教学工作无法形成合力，削弱了高职人才培养的效果。

2. 高职人才培养目标定位片面，理论教学与实践教学关系严重失衡

我国高职人才培养起始时间较短，在这种情况下，部分高职院校简单地参照、模仿本科课程体系来构建高职课程体系，在教学上过分强调通过课堂教学传授理论知识，没有积极训练学生的技能，导致高职教育人才培养的实践效果大打折扣。此外，一部分由中专升格的高职院校仍然习惯沿用中专的课程体系，一味训练学生的动手操作能力，没有对人才进行理论教学和思维开发，导致学生的知识积累过于简单，缺乏整合所学各科知识的能力。

3. 高职师资队伍的整体素质无法满足现代高职教育的需要

近年来，随着我国高职教育的发展，高职院校的招生规模不断扩张，但实践能力强的高素质教师严重匮乏。目前高职院校的大多数教师从学校毕业后直接走上教师岗位，完全没有参与行业或企业的实际经营管理工作，缺乏实践经验及解决各类问题的能力。此外，受传统教育管理体制的影响，晋升职称、撰写论文仍然是教师工作的首要任务之一。广大教师为了晋升职称，不得不把大量时间和精力花费在钻研理论知识和撰写科研论文上，难以有充足的时间和精力研究教学过程和教学方法，缺乏提高自身实践能力的积极性，无法适应现代高职教育发展的需要。

（三）理论背景

目前，世界校企合作、工学结合较成功的职业教育模式有德国"双元制"模式、美国"合作教育"模式、英国"工读交替"模式、"学徒制"等。

美国"合作教育"模式。美国合作教育源于19世纪初的美国一所大学提出的教育与产业相结合的合作计划，一个多世纪以来在实践中不断充实和完善。合作教育贯穿于社区学院办学的全过程。工学交替是主要形式之一，实施主体是社区学院。美国于1962年成立了合作教育委员会，1963年在委员会的推动下成立了合作教育防会，在《1965年高等教育法》中被确立下来，推动了世界合作教育事业的发展。1983年世界合作教育防会的成立，标志着这一教育模式得到世界各国的普遍认可。世界合作教育防会（WACE）定义"合作教育是课堂上的学习与工作中的学习结合起来，学生将理论知识运用于现实的实践中，然后将工作中遇到的挑战和监视带回学校，促进学校的教与学"。至此，"合作教育"这一概念已不再是某个国家的一种培养模式，而是具有世界意义的一项教育培养模式。

英国"工读交替"模式。英国的"工学交替"与"学徒制"。英国制定国家资格职业证书制度，建立起证书等值、互换机制，为学生发展提供了多种可供选择的通道，

将职业资格等级与工作岗位证书的等级（大学学位）联系起来。此外，英国的学徒制历史悠久，在传统学徒制的基础上，1995年英国开始实施现代学制。现代学制针对16岁和17的青年，以培养技术工人为目标，学生根据个人需求选择课程，在国家指定的企业里边学习边工作，2004年英国宣布进行现代学徒制改革，放宽年龄限制，扩大和改进学徒课程，赋予雇主更多的权利。目前，英国技能人才的培养主要依靠现代学徒制。

德国"双元制"模式。德国是世界上职业教育和培训发达的国家之一，"双元制"是世界上首推的一种职业教育模式，其培养目标是在校企合作、企业为主、能力主导模式下，为企业培养第一线适应性强、高素质的技术工人和服务人员。德国的高等职业教育主要有专科学校和职业学院等两类高等教育机构实施，校企合作贯穿办学的全过程。"双元制"是指学校和企业。学生一方面在企业（通常是私营的）以学徒身份接受职业技能培训和相应的知识培训，一方面在非全日制的职业学校（通常是公立的）中以学生的身份接受与职业有关的专业理论和文化基础知识的教育。其内涵是学校与企业分工合作，以企业为主，理论与实践紧密结合，以实践为主的一种成功的职教模式，目的是培养既具有较强的操作技能又具有所需专业理论知识和一些普通文化知识的技术工人。

德国双元制模式有三个层面：思想层面，注重实践技能，为未来就业工作，体现教育和教学的思想；机制层面，是一种国家统筹、校企合作，产教结合、订单培养等办学机制，职业教育培训是一种具有强烈经济行为和企业行为的教育形式，没有企业的参与将是一种不成功的职业教育培训；模式层面，是一种以能力为本位的课程模式。这种模式从总体上讲，旨在培养学生将来在社会上就业、择业和创业的能力。其课程设置、课程内容及其课程实施和评价均要与就业的岗位需求相匹配。

导师制（tutorialsystem）是一种教育制度，最早源于十九世纪英国牛津大学，是牛津大学基于传统的精英人才培养的一种教学模式，最大特点是师生关系密切。这种制度要求在师生之间建立一种"导学"关系，要求导师对学生的教育具有整体性和一贯性的观念，针对学生个性差异因材施教，从入学至毕业期间都不放松对学生的学习、工作、生活等环节加以教育和指导。

长期以来，"导师制"是我国研究生阶段教育的主要形式，部分普通高校的本科生中也有少量优秀学生采用导师制培养；硕士和博士生及本科生的导师，是以课题研究为目的的，重在培养和提高学生的科研能力，这是他们的培养目标所决定的。导师制是一种切实有效的人才培养模式，可以充分开发有限的教育资源，开展因材施教，促进优秀人才的快速成长，但由于受师资力量限制未能得到推广。在高职院校中，随着学分制的试点推广，也有一批理论水平高、实践动手能力强的教师队伍，如何调动教师的积极性，为培养优秀高职学生探索一种新的模式，使部分高职院校正在尝试导师制这种模式，着重于高职学生实践动手能力的提高和理论知识的拓展，应该与高职学生的培养目标相一致。在高职中实施导师制与本科生中实施导师制有所不同，必须更加强调实践动手能力的塑造和培养。

二、国内高职院校"导师制"研究现状

高职院校采取"导师制"培养模式，是一种大胆尝试。经资料检索，目前在全国的高职院校中，还未见大规模的按专业方向采用"导师制"培养模式的研究报告和实施办法，课题组对高职院校实施"导师制"情况做了调研分析和大量的信息查询，对国内高职院校实施的"导师制"情况有了深入的了解。

目前国内高职类院校中个别院校对试点专业进行了"导师制"初次尝试，主要集中在开展"社团导师制""德育导师制"，极个别院校开展以模仿本科生导师制形式为主的"综合导师制"，效果较差。如山东商业职业技术学院国际交流学院实施综合导师制、南通农业职业技术学院实施高职生特长生导师制、江西旅游商贸职业学院电子商务专业实施专业导师制等，黄冈职业技术学院、武汉城市职业学院、厦门华夏职业学院、长江工程职业技术学院、浙江交通职业技术学院、浙江水利水电专科学校、浙江国际海运职业技术学院、浙江机电职业技术学院等也相继对高职院校导师制进行有益的尝试与实践。其中，扬州工业职业技术学院电子信息工程系从 2007 年起通过建立"1 + 1 + 1 专业导师制"人才培养模式，对此进行了有益的探索，取得了可喜的成绩，2010 年 6 月，该项目被江苏省教育厅认定为省级高等教育人才培养模式创新实验基地建设项目。浙江交通职业技术学院对集装箱运输管理和国际航运业务管理两个专业的 2008 届部分毕业生进行了初步尝试，取得了较好效果。

课题组通过大量的实例调研和信息查询，发现国内（省内）高职院校实施的"导师制"主要是模仿本科类导师制的一种浅层次的尝试，国内高职院校导师制主要形式有综合导师制、特长生导师制、社团导师制、宿舍导师制和德育导师制五种，其建设的内涵侧重点互不相同，对其实施情况进行了比较研究，见表 3 - 1。

表 3 - 1　高职"导师制"分类比较表

形式	内涵	缺陷
综合导师制	专业教师与辅导员共建团队，按照"专业交叉、专兼搭配、功能互补"原则实行"多对一"的导师团队形式对学生的思想、行为、学习、生活、心理等进行指导	功能并列重点不突出，组织结构复杂并缺乏责任人，管理复杂实际可操作性不强，涉及学生面窄，是研究生导师制的翻版
特长生导师制	通过学生选拔，聘请资深教师进行师生结对，开展科研和技能学习，让专业技能特长生脱颖而出，提高校园文化品位和专业特色	目标明确但涉及面极小，较适合工科类专业，受学校师资水平和实训设备限制性，仅作为学校特色教育的一种补充形式
社团导师制	根据学校特色、专业特色和学生兴趣，开展第二课堂，成立社团，聘请教师，指导学生开展丰富多彩的校园文化活动	功能单一，合作松散，师资队伍一般年青化，有活力但缺乏经验与能力

续表

形式	内涵	缺陷
宿舍导师制	聘请经验丰富的宿管人员或教师,以大学生宿舍为基地,指导开展宿舍文化、学生社区建设工作	功能单一,合作面小,实际效果较差
德育导师制	聘请威信高的教师对学生的思想道德、行为规范、职业指导、社会实践等方面进行"一对一"指导	功能单一,时间跨度长而合作度不高对其功能淡化明显

纵观各类高职院校"导师制"的实践,共性问题主要体现在四个方面:

(1)高职"导师制"模式是模仿研究生、本科生导师制,脱离了实际对象的差异性,高职导师制实施所取得的实际效果与预期目标差异较大。

(2)高职"导师制"的重点在学生管理某一方面,这种制度创新更强调的是学校对外的宣传功能,其取得实际效果与普通高校导师制相比甚远。

(3)高职"导师制"的实施没有结合"产学研合作""社会实践""工学结合"和"工学交替"等人才培养模式,脱离了高职院校培养学生具有创新性高技能应用型人才的培养目标。

(4)没有利用"导师制"的实施来促进教师业务素质、技能要求和协调能力的提高。

课题组立足于国家对高等职业教育提出的人才培养目标和提高人才质量的政策指导,结合当前国内高等职业教育发展现状和面对的挑战,校企合作人才培养模式实践中存在问题,通过分析世界校企合作、工学结合较成功的职业教育模式,在对调研高职院校实践的五类导师制进行比较分析的基础上,提出在中高职衔接教育高职阶段实施"校企双导师制"的研究。

课题研究旨在探索高职院校如何根据经过中职学习后的学生个性特点、职业倾向和能力,以及市场对人才的需求特征基础上,以"知识获取+能力建设+人格养成"三位一体高技能人才培养目标为指导,基于学生个性特点及企业需求,实施以项目训练为主导的"校企双导师"制的人才培养模式,使校企在深度融合的基础上实现互利互惠,探索一条中高职衔接教育所能实现的高技能人才培养的新模式和具体的实施途径。

◢◣ 三、课题研究主要内容、基本思路、方法

1. 课题研究主要内容

(1)"校企双导师制"人才培养模式的内涵及运行模式。

(2)"校企双导师制"的管理体制的研究。

（3）"校企双导师制"实施途径的研究与实践。

2. 课题研究思路

课题研究的基本路线，如图 3-1 所示：

| 明确高职校企合作下"双导师制" | → | 探索校企双方深度融合 | → | "双导师制"人才培养理 | → | 构建该模式运行的基本框架 | → | 探索汽车检测与维修专业试运行 |

图 3-1　课题研究的基本思路

（1）通过大量的实例调研、网络调研、文献查询和信息查询，对国内高职院校实施的"导师制"进行比较分析，总结其优缺点基础上，借鉴成功经验，对高职院校实施可行的导师制人才培养模式进行探索与创新，提出课题研究与实施方案。

（2）明确校企合作与"双导师制"模式的相互关系、深度校企合作的必要性和迫切性，寻求校企双方深度融合的途径，以保障"双导师制"的有效实施。

（3）根据培养模式运行的基本框架，在项目实施过程中，需确定导师的选聘标准、明确双导师制的管理、导师的职责、双导师制的工作方式以及导师的考核等方面的内容。

（4）探索汽车检测与维修技术专业实施"校企双导师制"培养模式的试运行方案。

3. 课题研究基本方法

（1）观察法和调查法相结合

通过试探性观察和访问调查方法进行社会调研，掌握现有高职院校开展的各种导师制取得的成效和存在的缺陷，以及社会、行业和企业人才需求情况。

（2）文献法和网络调研

结合上述社会调研，总结校企合作和工学结合的现状、预测未来发展趋势等一般性结论，并提出"校企双导师制"人才培养模式的内涵、理念。

（3）实验研究与比较研究相结合

通过对实施"双导师制"的班级与未实施"双导师制"的班级进行横向比较，通过定性与定量分析，探索基于双导师制的人才培养模式与传统培养模式的效果差异，研究该模式的特征与创新。

（4）理论研究与企业实践相结合

课题研究定位于当代职业教育校企合作下的"双导师制"在人才培养模式中的具体实施。通过校内导师和校外导师的分工协作，结合学生的不同特点有针对性地在课程选修、专业发展等方面给以具体的建议和指导，帮助学生确立发展目标和方向，突出项目对学生实践技能引导与创新思维的培养，最终实现学生专业核心能力的提升，促进学生综合素质的提高和个性化发展。

第二节

"校企双导师制"人才培养模式内涵及价值分析

一、"校企双导师制"人才培养模式的内涵

导师制起源于19世纪英国的牛津大学，与学分制、班级制同为三大教育模式。牛津大学导师制的核心思想就是：在教学方式上强调个别指导，在教学内容上强调德智并重，在学习环境上注重营造和谐、自由和宽松的氛围。正是在这样的思想指导下，牛津大学才以其独特的办学传统和模式培养了数以万计的科学家、政治家、文学家、经济学家和银行家。浙江大学的费巩教授将导师制教学模式介绍到中国并希望能在中国高校推广。费巩教授介绍的牛津大学导师制主要包括四方面，也是导师制的四大特点，即重思想见解、重导师指导、重博览群书、重因材施教。

德国"双元制"职业教育是世界上首推的一种职业教育模式，"双元制"由校、企分别实施，并受职业教育法保障，课程大纲由国家、学校和行业共同制定，成本由学校（国家）、企业共同分担，学生以学徒身份与企业签订合同，考核由企业方（国家行业协会统一考核）完成。德国"双元制"职教模式的培养目标是在校企合作、企业为主、能力主导模式下，为企业培养第一线适应性强、高素质的技术工人和服务人员。从总体上讲，这种模式旨在培养学生将来在社会上就业、择业和创业的能力，其课程设置、课程内容及其实施和评价均需与就业岗位的需求相匹配。

在借鉴国际教育模式的基础上，需要结合我国高职教育的实际情况和特点，寻求适合我国高职院校与企业自身特点的人才培养模式。"校企双导师制"正是在"导师制"的基础上，结合"双元制""学徒制"的特点，并结合我国现阶段高职教育的实际情况而发展的一种人才培养模式。它对培养高职学生的实践能力、专业素质、思想素质，开拓学生的思维具有较大作用。

课题研究组提出的三位一体"校企双导师制"人才培养模式（以下简称"双导师制"）是在校企合作深度融合的基础上，以学生为主体，以"知识获取、能力建设、人格养成"三个方面为目标，一个学生配有两个专业导师负责指导。即，一个学生由校内专业教师（简称"校内导师"或称"学院导师"）和校外企业工程师、技师或管理骨干（简称"校外导师"或"企业导师"）共同负责指导，两位导师协同工作，校企资源合理利用，以全面提高学生实践能力、沟通能力和创新能力，共同打造高素质技能型人才。

"导师制"以"双境培养、双师共教、双证融通"的理念培养人才，如图3-2所示，实现以"专业与产业、教学过程与工作过程、课程内容与职业标准"为特征的校

企双境对接，教师和企业师傅双师共教对接，学历证书与职业证书对接，专业课程内容与职业标准对接，推行"双证书"制度，实施对证施教。

图 3-2 "三双"工学结合的"导师制"人才培养理念

校企合作"双导师制"培养模式主要是培养学生的职业能力，强调注重学生专业核心能力培养，按照工学结合的思想侧重于指导学生的实践能力。双导师制的教育培养模式的核心在于学校与企业的导师共同培养学生，实现校内专业教师和校外企业技术人员共同负责指导、协同工作、结合企业实际项目案例实施课程教学。学生在校期间，获得双证书（职业资格证和学历毕业证），推行"双证书"教育，逐步将专业相关职业考证内容纳入教学计划，通过校企双导师的指导培训，强化学生的职业技能和生产技能训练，采用"以证代考"的考核方法，检验学生的理论水平和技能水平，实现学历毕业证和职业资格证的双证融合。

二、"校企双导师制"对破解高技能人才培养问题的价值分析

"校企双导师制"人才培养模式对于破解我国当前高职人才培养中存在的问题具有积极意义，主要表现在以下几个方面：

（1）从人才培养模式看，"双导师"制有利于培养人才的创新精神和实践能力。借助"双导师"制，校内外导师可以在对学生学业的指导中形成互补关系。校内导师可以利用自身长处着重对学生进行基础知识和专业理论的具体指导，企业导师可以利用自身长处着重对学生进行专业技能和生产操作的具体指导。这种指导模式可以较好地提高人才的专业理论知识水平和专业技能水平，实现培养学生的创新精神和提高学生的实践能力的目标。

（2）从人才职业素养培养来看，"双导师"制有利于提高人才的综合素养。与传统的管理模式相比，"双导师"制在教学管理体制上实施企业生产运行模式，让学生提前接受企业文化的熏陶，了解行业和企业的生产过程，提前适应企业化管理，为后面阶段的企业顶岗实习及就业奠定坚实的基础。同时，由于企业参与专业人才培养的全过程，学生可以最大限度地完善自身的知识结构，提高职业素质和专业能力，增强自身的就业竞争力。

（3）从培养目标看"双导师"制有利于高职院校培养高素质、懂技能、适应现代产业体系需求的高职人才。高职教育旨在培养高端技能型专门人才，因此，应让高职学生在实践操作方面得到导师的规范指导，而不仅仅停留在专业理论传授层面，这就

需要行业或企业中有相应资质的高级人才与学校教师共同承担指导任务。总之，高职院校的人才培养需要校内和校外导师互相配合，协同合作，这样才能更好地完成高职教育的人才培养目标。

（4）从培养过程看，"双导师"制有利于确保实践教学环节的顺利实施。高职院校规定学生要进行校外实践，且明确规定学生的实践教学时间不能少于6个月，有的高职院校实施"2.5+0.5"模式，还有高职院校采取"2+1"模式。尽管对学生实践的时间要求不尽相同，但实践教学的重要性和必要性不言而喻。实施"双导师"制，对强化实践教学更为有利，既能避免专业实践"走过场"，有利于取得实践效果，又能使教育功能在企业得以延续，避免学生有"被输出劳动力"的感觉。

（5）从职业规划看，"双导师"制有利于拓展高职人才的职业素养和实践能力，有利于加强高职人才的基础理论和专业知识教育"。双导师"制在高职院校主要通过学习课程以及专业讲座、社团活动等形式来完成。作为校内的导师，其工作重点在于指导学生认识和了解学科发展的专业知识。学生在专业实践过程中受企业导师影响很大，很多学生通过企业导师的指导，了解对口企业的生产过程，接受企业文化的熏陶，为后续阶段到企业顶岗实习、就业奠定基础。因而不仅增强了对企业的直观认识，提高了自己认识问题和解决实际问题的能力，也加深了对企业文化的体验，有利于明确自己未来的发展方向。当然，企业导师也会有针对性地推荐自己指导的学生就业，从而使接受"双导师"制的学生在就业上更具优势。

第三节

"校企双导师制"人才培养模式的运行体系研究

一、"校企双导师制"人才培养模式实施条件

校企合作，主要体现在办学模式层面。学校与企业携手共建的重点在于办学体制的创新，是实现高等职业教育培养技术技能型创新人才的有效手段，是实施"双导师制"人才模式的前提。目前，我国校企合作的现状是政府引导不足、学校主动性不够、企业过于被动，然而从世界典型的校企合作模式来看，其运行需要政府、企业和学校三方的协调参与。目前的状况是企业缺乏积极性，所以如何通过校企合作驱动机制的制定和合作领域的扩展，调动企业参与的积极性，实现合作领域的扩展和合作内容的深化，是"校企双导师制"人才模式实施的前提条件。

（一）校企合作领域的扩展与深化

校企双方不仅要拓展合作的范围、数量，更应该注重校企双方合作领域的扩展与深化，这是我国高等职业教育发展的趋势和迫切需求。本文通过研究和社会调查，将

校企合作概括为交流合作、教改合作两个领域。交流合作包括信息、技术和人才三个方面的交流。教改合作是校企双方共同参与教学改革，尤其是专业建设中的课程改革、师资建设、实训基地建设和质量管理等。以市场需求和社会就业为导向，提出校企合作领域的扩展好运行机制的深化方案，如图3－3所示：

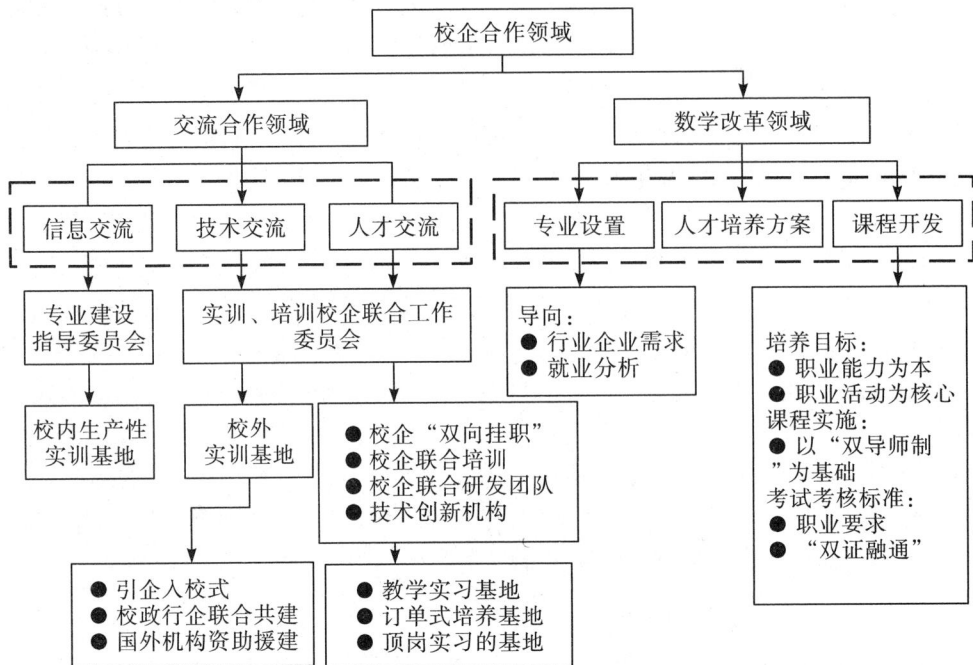

图 3 － 3   校企合作领域的扩展与深化

1. 交流合作领域

（1）信息交流：成立专业建设指导委员会，组织召开校企合作研讨会、校企论坛。目的在于了解企业的生产、经营、技术状况和岗位群的人才需求规格，同时增进企业对学校人才培养方案、目标和课程设置的了解，便于行之有效的人才培养和教学改革。

（2）技术交流：意在将相关企业行业的新产品、先进技术和生产工艺与流程变为学校资源，充实和提升学校的硬实力，此外，校企联合进行技术研发，促进产业结构调整和升级。

（3）人才交流：除了在企业参与协助下培养人才为企业服务外；可以建立教师定期到企业挂职顶岗、企业专家到职业院校兼教的"双向挂职"机制；也可以通过校企联合开展技能和技术培训，不仅提升教师的社会服务能力和企行业员工专业水平，还能寻找企业培训供给与社会培训需求之间的匹配，实现技能、专业知识与继续教育之间的衔接，存在很大的发展空间；还可以组建校企联合技术创新机构、研发团队，促进学院参与企业的技术创新和产品开发，实现企业技术人员与学校师资的双向共享和能力提升。

（4）实训基地建设：通过校企共建实践教学平台这一模式，可进一步加深学院与企业的关系，实现学院与合作企业共赢，形成良性循环。企业用更加积极的合作态度向学院提供技术和设备支持；学院通过校企共同签订"订单培养"协议和在职员工培训，来为企业提供优秀人才和优秀的职业培训。

实训基地建设可以有多种形式，一是，校企合作共建校内生产性实训基地，依据不同专业的办学特点主要采取校企联合共建，引企入校式，政府机构资助援建三种模式。二是，校企共建校外实训基地，企业是实训基地建设的主体，主要有教学实习基地、订单式培养基地、顶岗实习基地等。

2. 教学改革领域

院校在企业参与下依据行业企业需求和当地产业结构来设置专业、制定人才培养方案，以职业能力为本、职业活动为核心来开发课程，以职业要求为考核标准。根据商业运作过程、生产过程、劳动过程等工作过程进行课程建设和校本教材开发，开设"双证"课程体系，践行"双证融通"（学历证书与相关职业资格证书）。合作院校在服务于当前企业人才需求的同时，也要兼顾专业的长远建设发展，积极开展双导师制、订单式培养、工学交替培养等模式。

（二）校企合作的长效驱动机制

"校企双导师制"的实施需要建立校企合作的长效驱动机制。这种长效驱动机制需要政校企三方需共同参与、协调联动，校企双方是在互利双赢和良性合作基础上形成的人才培养链条上学校与企业的良性对接，即在互利前提下各自承担起人才培养的任务。

学校方面：以市场需求、行业发展需要来设计校企合作模式，使学生有明确的就业定位，建立"三层合作、四方共建、互利多赢"的办学体制（如图3-4所示），通过校企联合、共建、融合等方式将校企合作贯穿于高职教育全过程，企业也在合作过程中长期受益。为企业提供选择适合本企业的优秀学生的机会，并以企业满意度作为教育质量的考核标准，也为企业节省大量人力资源培训成本，进而吸引和引导企业、行业参与，通过校企联合、共建、融合等方式将其贯穿于高职教育的全过程，企业也在合作过程中长期受益。

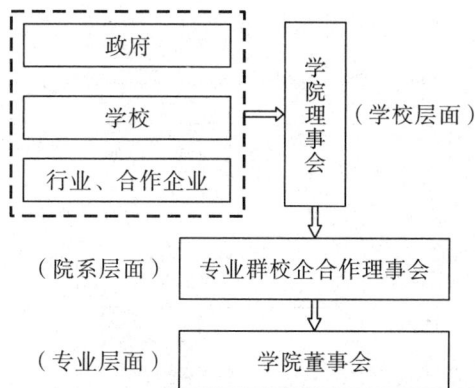

图3-4 校企合作深度融合组织结构图

学院可以从校内外实习实训基地建设、人才交流、教学改革三方面建立长效驱动机制，成立专业群理事会，负责专业建设、实训、培训校企联合等工作；可以采用的主要人才交流模式有："双向挂职"机制（教师定期到企业挂职、兼职和顶岗，企业专家到我院兼教)、校企联合开展技能和技术等继续教育培训、校企联合研发或技术创新团队;以企业行业需求、就业分析为导向进行专业设置,申办新专业、新增合办专业。

校企合作有助于学院合理分担教育投入和与专业教学相配套的实验、实训设备。通过校企合作,将一部分的实训项目安排到企业去进行或校企共建实验、实训项目,可以大大地节省对实训设备投入。同时,学院可以把节省下来的资金投入到教学改革中去,这样更有助于提高学院的办学质量。在校企合作的过程中,校企双方加强了相互的理解和信任,更有助于建立稳定的实习基地,如共建校内实训基地、和行业企业共建校外实训基地,共享实验、实习设备。

二、"校企双导师制"人才培养模式运行体系的构建

依托校企合作深度融合的背景,以"双导师制"的内涵和人才培养理念为宗旨,构建"双导师制"培养模式运行的基本框架及实施方案,以及保障"双导师制"落实的考评反馈体系和保障机制等。

(一)"校企双导师制"人才培养体系的构建与实施

以培养学生"知识获取、能力建设、人格养成"三位一体为目标的人才培养理念为核心,构建"校企双导师制"人才培养体系,见图3-5,主要流程如下:

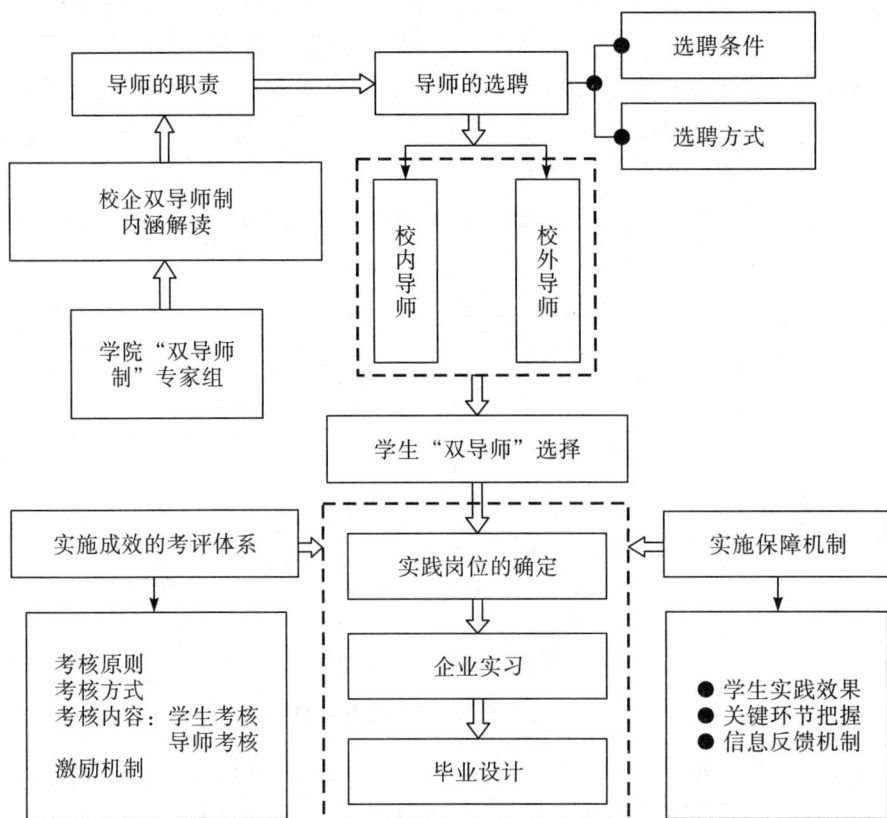

图3-5 "校企双导师制"人才培养运行体系的构建

1. 导师职责

校内、外导师本着职责上相互补充，互动交流的原则，共同指导同一批学生，具有相对固定的对应关系，一起拟订学生培养方案，明确培养目标、内容、进度，再共同实施指导，及时交流反馈，便于对实施过程的跟踪管理。

校内导师主要职责：主要负责专业理论知识指导，培养学生的专业能力，提升其综合素质和未来职业发展空间。在时间上，要求实行三年一贯制的在校全程指导；在内容上，主要包括专业学习、实习、毕业设计、顶岗实践报告的撰写、职业生涯规划和就业方向选择指导等，并做好与校外导师的沟通工作。第一学年：导学。学生入校后第一学年，校内导师根据学生具体情况和学校资源状况提出合理的专业知识学习引导方案，为学生确定职业方向，并根据职业方向选择校外导师做打下基础。第二学年：导业。指导学生专业理论知识的学习，确立牢固的专业思想，制订专业技能训练计划，与校外导师协商指导学生作出职业生涯规划。第三学年：导能。提升学生专业技能水平和社会能力，获取职业资格证书；并指导学生以企业工作生产实际选择毕业设计题目，在校内外导师的共同指导下完成毕业设计和毕业论文撰写。

校外导师主要职责：侧重于指导学生实践动手能力和社会能力。第二学年：导业。根据校内导师制订的专业技能训练计划，负责培养学生专业实操技能；并帮助学生正确认识职业，全面掌握现代职业的基本要求，使学生形成良好的职业素养；明确职业在人生中的地位以及职业与专业、就业的关系，强化学生职业意识；帮助学生制定适合个体职业生涯发展规划。第三学年：导能（提升学生专业技能水平和社会能力），校外导师还负责根据学生的毕业设计选题进行毕业设计指导。

2. 导师的选聘

选聘条件：

（1）校内导师，从本学院专任教师中选聘，任职资格：具有硕士研究生以上学历或中级以上职称，具备双师素质。

（2）校外导师，一般由校企合作单位（包括校外实习基地相关企事业单位）的一线技术人员或技师、高级技师、中高级管理人员或中层以上业务骨干担任。

选聘方式：

（1）校内导师，采取个人申报与各系部推荐相结合的方式，学院专家组审议批准，由院长聘任，聘期三年。

（2）校外导师，由校外实习基地企事业单位按"双导师制"规章选派推荐，资料报送学院专家组审批确定。学校与校外导师及所在单位签订协议，以明确各自的权力和义务，以保证校外导师指导工作的顺利进行。

3. 学生"双导师"选择及实践岗位确定

校内导师选择，学生自愿报名选择，再由系、教研室进行适当调整，平衡分配，确定每位导师所指导的学生数。

校外导师选择，以师徒形式"双向选择、自愿结对"原则。一方面，在一年级，企业行家能手请进来，采用讲座、专题报告或交流会等形式，与学生见面；另一方面学生走出去，到企业参观、认识实习。在基本了解岗位及导师情况后，进行双向选择。

（二）考评体系和保障机制的建立

1. 配套政策制度的建设

学院和企业共同组建的校企双导师团队，需要通过制订双导师的选聘标准、选聘程序、工作职责等规范双导师的教学指导。"校企双导师制"的具体实施，还需要学院与企业共同出台相应的管理办法和一定的基金支持。如《学院校企合作管理办法》《学院校内外实训基地共建共享制度》《学院订单培养及员工培训管理办法》《学院双导师认定管理办法》《学院双导师聘任与管理考核办法》《学院产学合作工作管理办法》《学院教学质量校企共同评价办法》《学院学生顶岗实习管理办法》《学院双导师专项基金管理办法》等校企合作文件。

2. 跟踪反馈机制

协议期间，采用走访座谈、不定期电话回访等方法，进行过程控制。协议期满、最终评估结束后，第一时间召开座谈会。与会人员由学生代表、校外导师代表、全体校内导师组成，进行信息反馈、交流心得、改进建议，学院"双导师制"专家组在对座谈意见进行整合后，以书面的形式向校内导师和校外导师所在单位进行反馈，就进一步完善培养方案的后续实施提出指导性方案。

建立人才培养质量评价反馈机制。以学生为对象，以设定的人才培养目标为参考，形成了人才培养质量（知识、能力、素质）的反馈控制系统。通过学生信息员、学生座谈会、实践考核、大赛训练及成绩分析、毕业生跟踪调查等途径广泛及时收集信息，获取学生在不同阶段所具备的知识、能力与素质状况，并与设定的培养目标适时比较、分析、明确不断完善和改进的具体措施，形成对人才培养质量的科学评价与反馈机制。

建立专业导师教学评价反馈机制。以专业导师为对象，对其整个教学指导过程实施监控，形成由学校、学生与社会共同参与的教学评价体系。对专业导师在教学评价中反映出的不足之处，通过反馈完善机制，在专业导师队伍建设体系中加以解决。

3. 考评反馈体系的构建

学校与企业共同制定相应的"双导师"考核制度，强化过程管理和有效激励，保障导师与学生在这一培养方式中的权利与义务的落实，保障和鼓励校内导师和校外导师共同参与、互动交流、职责上相互补充、双方培养内容上的衔接，加强学生与导师的考核、评价，以保障学生综合素质的培养。

（1）考核原则：规范、严格、奖惩结合、重过程考核。

（2）考核方式：分别对学生及校内外导师进行跟踪管理，定期、不定期及最终考核。

（3）考核对象和内容：

"双导师"考核工作在考核对象上分为对导师的考核和对被指导学生的考核，考核内容上着重体现在被指导学生在专业理论知识、技能水平、职业素养、学习成绩和综合能力素质等方面。

学生考核：包括知识、技能和素养三个方面，校内、外导师共同评定、平时检查与学生总评相结合的过程考核，与专业统一标准期满考核相结合；

导师考核：根据专业人才培养计划和校企双导师的岗位职责，对校企双导师在师德、课程教学、实践指导等方面进行全面考核，主要包括双导师述职自评，被指导学生民主评议、教研室考评、系部考核方式进行，每年集中考评一次，考核结果记入导师业绩档案或年终考核。

（4）激励机制：根据学生最终考核结果，给予物质与精神奖励。校内导师工作折算工作量，并作为纳入年终考评、职务晋升、职称评定的重要依据。

第四节

"校企双导师制" 人才培养模式的实践探索

我院汽车检测与维修技术专业培养目标是：满足汽车维修与检测和汽车服务等行业的一线需求，德、智、体、美全面发展，掌握本专业领域所需的理论知识，具有汽车检测与维修、评估、保险理赔、运行维护、管理及营销与技术服务等方面能力的高级应用型专门人才。专业就业岗位群主要有：汽车机电维修技工、汽车维修服务顾问、汽车维修质量检验员、车间调度、配件库管员、客服专员、销售顾问、保险理赔业务员等。

学院汽车检测与维修技术专业从 2008 年开始实施的"引企入校、工学结合、理实一体、项目轮训"的人才培养模式，使"校企合作、工学结合"不流于形式，不仅促进了专业学生职业能力的成长和成熟，而且锻炼了一支适应时代需要的职业教育师资队伍；也让企业得到实惠，激发企业参与"校企合作"的热情，该模式也入选了教育部人才培养优秀案例。但在该模式的实践中，感觉到如何因材施教，培养具有一定特色的高技能人才仍是一个需破解的难题。

为此，学院汽车检测与维修技术专业的建设以创新校企合作运行机制为突破口，尝试引入了"校企双导师制"作为高技能人才培养的重要途径，创新办学模式，打造一支名师引领、专兼结合的双师教学团队，主动服务区域经济建设，提升人才培养质量。

◤ 一、校企深度融合，创新校企合作新机制

校企深度合作是"校企双导师制"的实施前提和实践基础，近几年来，学院汽车专业建设中，围绕校企深度融合，在人才、信息、文化、设备、场地、教育教学改革、实践基地建设等领域开展了深入研究和实践，创新校企合作机制。

（1）成立汽车类专业建设指导委员会

在学校理事会的指导下，成立由交通主管部门领导、汽车行业企业领导和技术专家、汽车专业负责人及骨干教师等组成的汽车类专业群校企合作理事分会和专业建设

指导委员会，搭建了政府、企业、学校之间的交流平台。学校定期召开校企合作理事会年会和专业建设研讨会，共同研讨校企合作的有关事宜，指导汽车类专业群的建设与发展。学校与合作理事会成员单位可以共同修订人才培养方案、共同论证专业课程标准、共同组织教学内容、共同培训企业员工、共同推荐学生实习就业。

此外，还在以下几方面开展工作：聘请理事会成员单位技术骨干担任兼职教师，和学校专业教师一起共同培养技能型汽车维修专业人才；学院汽车专业教师到理事会成员单位所在的汽车维修企业锻炼学习，提高专业实践能力；安排专业学生到理事会成员单位进行至少3个月的实习，增强职业认知能力、实践操作能力等；同时学校教师为理事会成员单位所在的企业员工进行专业培训和从业资格培训，提高了企业员工的知识水平和业务能力。

理事会的成立，不仅能协调校企双方人才供求方面的平衡，而且能解决企业对人才和技能的需求，有助于企业更有保障的完成政府对其经济、发展等方面提出的指标，从而使得政府、企业参与校企合作的积极性明显增强。

（2）在办学模式上，在订单培养、冠名班的基础上，实施校中厂、厂中校、产教结合，有效地激活了职业院校现有资源，促进了企业生产实践活动与学校教学活动的有效对接、企业用人标准与学校培养标准的有效对接和企业发展战略与学校发展战略的有效对接，形成了校企共赢局面。

（3）在人才培养模式上，行业企业深度参与学院汽车专业的人才培养方案制定、专业建设、课程设置、教材开发、师资共建、实训基地建设等工作，将行业企业用人标准融入职业教育人才的全过程，形成了以"人才共育、过程共管、成果共享、责任共担"合作机制。

（4）在合作内涵上，学院在通过校企合作开展技能人才培养的同时，充分利用自身的科研优势和教育资源，为企业技术创新、工艺改进等提供服务，为企业技术转型开展员工培训，积极承担社会培训任务，注重企业文化对校园文化的有效对接。形成以人才培养支撑产业发展，以社会培训助力社会转型的"多元互动"的校企合作局面。

二、"校企双导师制"人才培养模式的实施方案

在"校企双导师制"运行体系的研究基础上，结合汽车专业的特点，通过学院汽车检测与维修技术专业的实践，提出了"三级六段式工学结合"人才培养具体实施方案。

（一）总体思路

从学生入校开始，有组织、有计划、有目标地对学生进行专业方面指导、认识与训练，每个学生通过参与导师承担的科研项目、技术服务项目，参加每学期由专业导师制定的专业训练项目和课程指导教师的实训项目等实践活动，培养学生的自主学习能力和实际动手能力，提升学生的实践能力、创新能力和岗位技能水平。学生在专业导师的指导下，每一学年完成一定的专业学习与实践任务，通过任务驱动来保证人才

培养目标的实现。

（二）实施方案

在"校企双导师制"人才培养模式中，遵循"基本技能＋专业技能＋综合技能"三级能力培养的递进性，将中高职衔接的高职段三个学年划分为六个阶段（这六个阶段同六个学期的划分有所不同）紧密相连。在运行体系上，"校企双导师制"的实施期为学生在校全过程，但在各学习阶段，校内与校外导师的作用与分工侧重点不同。

（1）对一年级学生实行"校企双导师集体辅导"方式。要从大一开始打破传统的学生管理制度即班主任制度，以年级为单位，为每个年级配备一名辅导员，为每个班级聘请一名校内专业老师担任学业指导老师，全面负责学生的学业规划、专业认知、职业生涯规划等。此外，要聘请一位校外企业管理人员担任专业指导老师，负责帮助学生初步认识、了解企业，掌握专业实践知识，提升学生的职业素质。这种"校内校外导师集体辅导"方式的最大特点就是校内、校外双导师共同参与，以校内导师为主，便于对高职新生开展适应性教育。

（2）在二年级开始实行"校企双导师小组"模式。在班级建立2－3支学生导师组，导师组由2～3人组成，由校内专业教师、校外企业专家组成。明确每个导师指导学生的人数，原则上每个导师组所带学生一般不超过15人，并以此建立长效机制。要规定校内指导老师每周指导学生不少于1次，指导的时间、地点和方式可以由导师和学生协商约定；校外导师指导每两周不少于1次，时间、地点和方法也由导师与学生商定。

（3）在三年级继续推行"校企双导师小组"模式。但要结合学生的顶岗实习的实际情况，与校外实习基地建立密切联系，强化对学生专业实践的指导。在顶岗实习期间，要求校内导师指导学生每两周不少于1次，指导的时间、地点和方式可以由导师和学生协商约定；企业师指导学生每周不少于1次，时间、地点和方法也由导师与学生商定，校外导师根据顶岗实习单位实际灵活安排推行。学生到实习单位后根据实际岗位情况，灵活确定校外导师指导学生的数量和形式。校内导师定期到企业走访、与企业导师建立定期联系机制，了解学生实习情况，帮助学生解决实习活动中出现的问题，提高学生的实践能力和适应企业需求的能力。

具体实施过程中充分考虑汽车售后服务企业的生产特点，在销售和维修的淡季充分聘请企业导师进行教学，在汽车维修企业维修旺季，组织学生在企业开展生产性实习，充分利用了汽车维修企业人力和设备资源，使人才培养得到企业的全力配合，双方共赢，实现工学交替。

（三）工作任务设计

通过实际工作岗位的任务驱动学习和职业素质熏陶，通过学校导师和企业导师的共同培养，学生通过完成实践任务，有计划、有步骤、由浅入深、由简单到复杂、由单元项目到整体项目等环节的实施，通过递进式的能力培养，使学生具备企业需求的技术水平和专业能力。在学校和企业的交替学习和工作，完成10项主要学习或工作任务，达成1项目标，形成了"三级六段式工学结合"的"校企双导师制"人才培养模式实施方案，如表3-2所示。

表3-2 "校企双导师制"人才培养模式实施方案

培养目标	成为"一名高素质技能型专门人才"					
技能/级别	基本技能（一级）		专业技能（二级）		综合技能（三级）	
学 段	第一学年		第二学年		第三学年	
	9-6月	7-8月	9-5月	6-7月	9-1月	2-6月
	学段Ⅰ	学段Ⅱ	学段Ⅲ	学段Ⅳ	学段Ⅴ	学段Ⅵ
学生任务	1. 提交一份个人学业发展计划 2. 参加企业认识实习，完成一份专业实习报告	3. 参加社会调研实践，完成一份行业调研报告	4. 完成校内专业实训任务，取得一份合格的专业实训成绩 5. 参加一项实践创新训练计划或一项科研项目，完成一件实践创新作品	6. 参加企业实践，制定一份职业生涯规划	7. 参加一项专业技能竞赛 8. 取得一项技能证书（汽车维修高级工）	9. 参加顶岗实习，取得从业资格 10. 完成毕业设计或论文
主要技能的培养	基本技能+职业入门技能	行业了解+职场体验实习	专业技能创新实践	专业技能	专业核心技能	岗位综合技能
主要目标	导学：学业引导		导能：指导学生课业和学生专业技能发展		导能：提升学生专业综合技能 导业：职业定位指导岗位综合技能培养	
学校/企业导师	学校导师为主	企业导师为主	学校导师为主	企业导师为主	学校导师为主	企业导师为主

第一学年：以学业引导为主要目标，在专业导师的指导下，需要制定一套学业发展计划，深入一个企业进行专业认识实习，撰写一份行业调研报告。

（1）制定"一套学业发展计划"。学生处于中职向高职的转换期，是人生观、价值观、社会观、职业观、人本观等的转变和重新建立的关键时期，在专业导师的指导下，学生通过参加各类学生社团、主题班会、社会实践活动、演讲等兴趣比赛，通过参加专业介绍等学术讲座、不同年级专业学习方法、经验等交流活动以及专业认识活动，确立个人"学业发展计划"，建立全新的世界观，从而制定较为准确、详细的知识学习、能力培养等目标、实施方法、实施计划等。在专业导师与学生良好的师生互动平台上，使学生初步了解专业学习的内容、特点、要求，引导学生掌握合适的学习方法、树立良好的专业学习态度、激发学习积极性和主动性，为后期专业的学习打好基础。

（2）深入"一个企业进行专业认识实习"。在学生已逐步进入专业基础课和专业学习阶段初期，专业导师带领学生进入企业进行本专业的认识实习，帮助学生确立牢固的专业思想，使其了解企业环境、企业产品的生产流程、岗位设置、岗位技能要求等，从而热爱自己的专业，了解专业面向的岗位，增强专业学习主动性。学生在企业认识实习后，需要完成一份认识实习报告。

（3）撰写"一份行业调研报告"。学生在专业导师指导下参加暑期社会调研、社会实践等活动，帮助学生正确认识本专业面向的行业、职业情况，全面掌握现代职业的基本要求，明确职业在人生中的地位以及职业与专业、就业的关系，使学生对专业面向的行业领域有一个较全面的认识，培养学生的职业道德和职业能力。学生在调研后，需要完成一份调研报告。

第二学年以指导学生课业和提升学生专业技能为主要目标，须完成校内专业实训任务，取得一份合格的专业实训成绩，参与一个科研实践项目或一项实践创新训练计划，制定一份职业生涯规划。

（4）完成校内专业实训任务，取得一份合格的专业实训成绩。校内专业实训任务主要完成发动机拆装、底盘拆装、汽车电气设备检测、汽车空调检测、汽车电控实训、发动机故障诊断检测等实训项目，学生要在自己的校内导师和其他专业教师的安排和指导下，完成所有项目，取得合格成绩，达到从事本专业相关工作所需要的专业技能要求。

（5）参与"一个科研实践项目"。通过参与专业导师的科研课题，使学生了解科研实践的重要性、科研过程、科研对专业知识、技能水平的储备要求等，促使学生树立正确的专业学习目标，认真学习专业知识，按照专业技能训练计划，培养学生实践技能，使学生初步具备本专业技术综合应用能力和实践创新能力。

或参加"一项实践创新训练计划"：

学生在专业导师的指导下参与大学生创新等专业项目的立项、建设工作，综合考虑学生的知识和能力基础，使学生完成一项实践训练项目或一件专业作品的制作，通过完整的项目训练过程，培养学生实践创新能力。

（6）制定"一份职业生涯规划"。学生通过对企业、行业的理解，通过参与科研项目、制作专业作品，根据个人学业发展计划，有了自己对专业内涵的理解、专业能力的爱好、专业方向的倾向、专业岗位的设想等思考。专业指导教师在关注与重视学生群体共性发展的基础上，注重综合考虑学生的个性发展，引导学生完成"职业生涯规划"的制定，为学生的就业做好准备工作。

第三学年：学生在具备基本职业能力（方法能力、专业能力和社会能力）基础上，该阶段专业导师引导学生进一步提升专业核心技能，指导学生进行职业定位，做好就业准备，全面提供学生的综合职业能力（关键能力），并跟踪解决学生就业后岗位工作中存在的问题等，引导其最终成长为一名高素质技能型专门人才。在校企专业导师的引导下，参加一项专业技能竞赛，取得一项技能等级证书，获取一种职业资格，完成一个毕业设计（论文）。

（7）参加"一项专业技能竞赛"。学生在专业导师的指导下，通过学院、市、省、国家等专业技能竞赛平台，指导学生在参与技能竞赛的过程中不断提升专业理解能力、专业综合能力、发现问题、分析问题、解决问题、团队协作及一定的创新能力。通过这样一个完整的参与过程，培养学生自我能力定位、自我岗位胜任程度评价、知识积累、能力提升等，为后续的就业做好各方面知识储备，并进行查漏补缺；同时挖掘部分具有突出专业特长、创新能力的学生新苗，进行特长培养、拔高，通过参加较高级别竞赛，为其搭建自我特长表现的良性平台，拓宽其就业企业选择及提升就业竞争能力。

（8）获取"一项技能等级证书"。根据学生的专业特点，行业标准及要求，和学生的职业生涯规划，专业导师通过专业技能综合培训，引导学生从知识储备，能力储备方面进行提升，获取相应的技能等级证书。汽车检测与维修技术专业的学生主要取得汽车维修中级、高级工或汽车营销师证书，从事相应的汽车维修服务或营销工作。

（9）参加顶岗实习，取得从业资格。学生在经过半年的顶岗实习后，对企业会有更深的认识，企业导师也会对学生有更深的了解。学生对自己从事什么样的岗位会有更明确的定位，企业也根据学生自身的特点和实习工作情况，为其提供更合适的岗位。根据岗位的需求，学生需要取得相应的从业资格。学校与企业共同组织学生参加相应从业资格培训，参加从业资格考核，获取从业资格证书。

（10）完成"一个毕业设计（论文）"。专业导师根据学生的专业知识储备情况、特长、拟就业方向及其岗位等，引导学生完成相关专业课题的设计工作（选题、开题、设计、论文、审阅、答辩、评优等），使学生具备本专业技术综合应用能力和实践创新能力。

三、校企合作，探索"校企双导师制"人才培养模式实施途径

为使"校企双导师制"人才培养模式不流于形式，校企双方通过了以下实施途径来解决这一问题：

（一）校企共建"订单班"

学校与订单培养企业联合制定学生培养计划和培养方案，共同负责学生的培养；确保学生在高职三学年不同的阶段有对应的企业学习培养时间，学生的毕业论文课题紧密结合订单企业实际，由校内导师和企业导师来共同指导完成。"订单班"搭建了"校企双导师制"深度实施的平台，全过程实现了"三级六段式工学结合"的教学实施方案。2011年以来，学院汽车检测与维修技术专业先后与江苏太平洋汽车集团、文峰汽车连锁发展有限公司、南通之星－奔驰汽车维修服务有限公司进行校企合作订单培养签约仪式，共同制定了订单式培养协议书、人才培养方案和学生暑期实践方案，先后组建太平洋订单班、文峰定向班、奔驰订单班，实施订单培养，已经为太平洋汽车集团、文峰公司、南通之星－奔驰培养学生200多人。

（二）"引企入校"，建立校内生产型实践基地

学院汽车专业围绕"工学结合、理实一体、项目轮训"的培养模式，在校内与公

司合作建立了知名品牌汽车4S站，实现校企紧密合作。校企双方共同承担汽车专业学生的培养任务，并将汽车专业的学生实践教学环节作为企业经营重要组成部分，作为学院汽车专业教学活动，构建工学交替、实践训练的平台。

（三）与紧密性合作企业建设稳定的顶岗实习平台

对于非订单班的部分学生，在校实施"4个1"的"工学交替"实践教学，即1周认识实习+1学期核心课程理实一体化的学习+1个月汽车维修实训+1学期顶岗实习。顶岗实习安排在第六学期，到紧密型合作企业从事具体的工作，并在工作实践中挖掘课题进行毕业设计。开展"任务驱动型"教学，实施"校企双导师制"，以企业导师为实践导师，学校导师根据学生所处的工作环境、岗位提出具体学习课题和目标，与企业导师共同制定培养计划，旨在提高学生的职业能力，并共同谋划学生职业生涯。通过与紧密性合作企业搭建顶岗实习平台，将"校企双导师制"普及到非订单班学生，使更多的学生受惠。

（四）校企互建导师工作站

在企业成立学院教师工作站，在学院成立企业专家工作站，实施访问工程师和企业导师计划，建立教师与企业专家互访制度。企业工程师与高校教师相互嵌入，既提高学生的实践能力，又能为企业解决一些难题。企业有经验的工程师及具有相应理论科研水平的优秀教师对于校企双方来说都是一种优质资源，校企双方组建专兼职师资队伍，可充分实现资源共享。校企导师工作站的设立，对优化双师结构，构建校内外教学团队具有重要意义，是"校企双导师制"重要实践平台。

（五）校企互建培训基地

学校企业整合双方优势资源，互派技术骨干，在学校和企业互建培训基地。

如：南通之星-奔驰公司成立江苏省首家利星行培训学校，学院和奔驰公司互派师资，培训学校肩负起为利星行（中国）汽车在江苏全省的员工岗位培训任务。利星行（中国）汽车每年免费提供学院专业老师多次培训机会，学习梅赛德斯-奔驰的最新技术和生产工艺，获取相关认证，提升师资质量。

学院建立有江苏省机动车从业人员从业资格培训与考核基地，学院利用基地平台为汽车维修服务企业提供技术服务与培训。除校内具有双师素质的教师骨干担任培训讲师外，基地还聘请企业专家为培训讲师，通过该平台，校内外导师深度互动，为"校企双导师制"的实施提供有力的支撑。

通过上述"校企双导师制"实施途径，把之前的学校热企业冷的合作关系转变为平等合作、相互主动的紧密型合作伙伴关系。其特点在于双向嵌入、深度融合。双向嵌入就是学校和企业寻找结合点，企业需求和学校需求有机结合，把各自的需求嵌入对方，利用不同的教育环境和资源，促使学校和企业在技术、管理与文化方面进行交流互动与渗透，为社会培养出高素质高技能应用性人才。在这个过程中，学校和企业之间是共同参与、相互合作的关系，从而实现优势互补，多方共赢。

四、"校企双导师制"人才培养模式创新实践平台创建

在如何针对学生个性特点和个性化发展需求，因材施教，培养具有一定特色的技术技能人才这一难题上，学院创建以下三大载体来有效破解。

（一）以大学生实践创新训练平台为载体，以项目引领，提高创新实践能力

大学生实践创新训练项目是"校企双导师制"成功实施的有效载体，是培养学生提出问题、解决问题能力的有效方法之一。它既能培养学生扎实的理论基础和很广泛的知识面，又能培养学生良好的实践能力、创新能力和团队合作能力。近年来，在省大学生实践创新训练计划项目基础上，又成立了学院、系部的大学生实践创新训练平台，建立专业创新实验室和开放性实验室，制定相应的管理制度。省教育厅、学院和合作企业提供了一定的政策和资金支持。在导师指导下，结合自身发展优势，开展各种形式的大学生实践创新训练计划。项目研究实施效果显著，并近十次获得省教育厅立项，其中申请国家专利多项，还获得市首届大学生课外学术科技产品"一等奖"，省概念汽车设计大赛"二等奖"、"三等奖"等。有关作品多次参加省与国家级大学生课外学生科技产品展，获得广泛好评。

（二）创建大学生创业训练平台，提高自主创业实践能力

大学生创业训练项目是"校企双导师制"实施过程中，培养学生的创业意识、创业能力，提高学生的专业技能的重要载体。学院专门成立了大学生创业规划平台，主办创业规划大赛，提供适当的创业基金，引入竞争意识，鼓励学生在校期间自主创业。汽车专业利用汽车实训中心平台成立了"汽车专业学生实习创业中心"，面向学校及教职工的车辆提供汽车常规检测与保养、汽车美容、洗车服务等。为了提高该中心的实际运营水平，引进有汽车维修资质的企业支撑中心的发展，支撑企业派出工程师和汽车专业教师共同指导实习创业学生，这些举措对学生创业意识和创业能力的培养有着极大的推动作用。

（三）以技能大赛训练为平台，提升学生专业技能

以技能大赛为切入点，搭建技能训练平台，是"校企双导师制"实施中培养高技能人才的重要环节。以汽车拆装、检测与故障排除、汽车营销等技能竞赛项目为载体，在培训、选拔、集训的系列过程中，通过学校与企业的深度合作、校内外专业导师的直接指导，选手多次在全省的技能大赛中获得好成绩。更重要的是达到了以赛促教、以赛促学的目的。参加集训和竞赛的学生在之后的工作中，能力体现突出，深得到用人单位好评。

通过以上三个特色创新与实践平台的建立，把"校企双导师制"人才培养模式在培养具有创新实践能力的特色人才方面落到实处。

第五节

课题研究总结与成效

一、课题研究总结

（1）课题通过具体的实践研究，提出了"三级六段式工学结合"的"校企双导师制"人才培养模式具体实施方案。实施方案的核心是学生通过在学校和企业的交替学习和工作，在导师指导下完成"10个1"任务，达成"成为一名高素质技能型专门人才"的最终目标。

（2）为使"校企双导师制"不流于形式，课题也通过具体的实践研究，建立相应的"校企双导师制"实施平台。

（3）在如何针对学生个性特点和个性化发展需求，因材施教，培养具有一定特色的技术技能人才这一难题上，课题也通过具体的实践研究，建立相应的"校企双导师制"创新与实践平台。

二、研究成果的应用与推广价值

目前，学院汽车检测与维修技术专业自 2011 年起先后与江苏太平洋汽车集团、文峰汽车连锁发展有限公司、南通之星奔驰汽车维修服务有限公司先后组了太平洋订单班、文峰定向班，奔驰订单班，并成为上述两家公司的人才培养基地，通过对订单班全程实施"校企双导师制"，已经为以上公司培养员工 100 多人，深得企业用人单位的好评，这得益于校企深度融合的结果。

（1）对汽车专业校企合作、全程实施"校企双导师制"订单班的毕业生进行了回访，一致反应通过与企业零距离接触，开阔了眼界，强化了技能，工作岗位适应能力强，并且能提前规划自己的职业发展之路。

（2）对合作企业进行了回访，普遍反应在同批入职人员中，对全程实施"校企双导师制"的订单班学生与普通学生有着显著的差别，与普通学生相比较，订单班学生对企业的组织机构、运作流程、岗位职责更清晰、明确，岗位适应能力更强，更有着企业文化认同感。

经过实证研究，该模式除了有利于学生的职业素养得到全面提升和拓展以及学生的技能水平获得用人单位高度认可外，还有如下几方面的主要推动和促进作用：

（1）专兼结合，加强兼职教师队伍建设，打造优秀教学团队。提高专任教师的教育教学能力和专业实践能力。

（2）校企深度融合，利于共建校内实训基地和建立校外实习基地。按照突出"生产性"的内涵建设要求，扩建和完善校内汽车实训基地，以满足各课程理实一体化实训项目的需要，并且能够实现实训场与教室合一、学生与员工合一、教师与师傅合一、教学内容与工作任务合一，职业培训与技能鉴定合一，较好地培养了学生的职业岗位技能和综合职业能力。

（3）提升专业社会服务能力。本专业能够为区域内企业（汽车4S店）定点培训企业员工，包括新员工岗前培训、技能培训、技师和高级技师培训；本专业为能够完成政府下达的各项职业技能培训任务，举行汽车修理工、汽车营销师定级培训考核。本专业可以开展职业技能鉴定工作，为学生、行业、企业从业人员开展汽车技术类专业各类职业资格证书的培训与鉴定。

该培养模式能够为学院相关专业起到示范辐射作用，为学院相关专业实行"校企双导师制"人才培养模式提供可操作方案和参考。

▼ 三、有待深入研究的问题

实施具有高职特色校企合作背景下的以行业需求和就业为导向的"校企双导师制"，不仅是社会发展、高职教育自身发展、学生成长成才的需要，也是对全员育人、全过程育人、全方位育人的现代教育理念的实践，这种人才培养体制适应了高职院校应用型人才培养的需求，深化了高职教育教学改革，实现了"以就业为导向"的办学宗旨，使学校与企业实现了"双赢"，能有效解决学校教育与社会需求脱节的矛盾，提升了学生的岗位适应能力和综合素质，利于集教学、科研、培训为"三位一体"功能，并能形成规模化的实训基地，以发挥辐射功能，但在实施过程中还存在着有待进一步解决的问题：

（1）如何有效发挥校、企双方优势，找准校企合作的结合点，深化"校企联姻，产学合作"的办学模式，实现深度融合，搭建互惠互利的校企合作教育平台，以解决实训基地日常运行经费。

（2）企业导师的稳定性、相关激励措施和保障机制。培养方式改革的新尝试，不但需要积极鼓励校内外导师的共同参与、投入和配合，而且需要探索行之有效的激励措施和保障机制。通过建立切实有效的激励措施、奖惩制度、监控反馈系统、质量过程记录等行之有效的手段，来确保该创新的推行。

（3）考评反馈体系需进一步改进与完善。如何有效考核、评价"双导师制"培养模式实施过程、实施成效和人才培养质量还需要深入研究。

（4）如何构建专业导师与辅导员"分工协作、齐抓共管"的育人新机制，形成工作合力，对学生的思想、学习、生活、心理、人生规划、专业发展、技能训练及就业进行全方位指导，这一问题尚需进一步研究解决。

参考文献

［1］潘小珍．在高等职业教育中实施导师制的探索［J］．长春教育学院学报，2007（9）：72－73．

［2］齐绍琼．高职校企合作、工学结合人才培养模式保障机制研究［J］．教育与职业，2013，1（2）：30－31．

［3］刘鸫根，陈侃贞．高职院校"订单＋联合"人才培养模式的探索［J］．职业技术教育，2011（14）：11－13．

［4］金万哲．高职学历证书与职业资格证书双向沟通的策略［J］．中国成人教育，2008（8）：26－29．

［5］张学英．典型国家职业教育嵌入产业结构调整的实践研［J］．职教论坛，2012（6）：44－46．

［6］张伟萍．高校与企业人才培养合作模式的探索［J］．教育与职业，2011（23）．

［7］程远东．高职通信技术专业实行"三位一体"双导师制的探索与实践［J］．常州信息职业技术学院学报，2010（4）：85－87．

［8］覃学强，覃扬彬，等．实行"双导师制"培养"双师一体化"［J］．教师学术论坛，2007（11）：202－203．

［9］姜大源．当代德国职业教育主流教学思想研究［M］．北京：清华大学出版社，2007．

［10］刘华，王国虹，等．就业导向下工学结合人才培养模式运行机制探索［J］．成人教育，2009（9）：26－29．

［11］李良．"双三位一体"的高职软件专业校企合作人才培养模式实践探索［J］．教育与职业，2013（5）：35－36．

［12］张伟萍．高校与企业人才培养合作模式的探索［J］．教育与职业，2011（23）．

［13］刘鸫根，陈侃贞．高职院校"订单＋联合"人才培养模式的探索［J］．职业技术教育，2011（14）：45－47．

［14］张荣华，项东升．校企合作培养化工人才的实践与思考［J］．职业教育研究，2007：39－41．

［15］肖仁政，王作兴．高职产学研结合教育模式的研究与实践［J］．高等建筑教育，2001：25－27．

［16］王风刚．加强校企合作，培养技能人才［J］．科技信息，2008：46－47．

［17］云霞，史洪云．工学结合人才培养模式探究［J］．天津职业院校联合学报，2007：25－27．

［18］李忠华，姚和芳．构建校企合作人才培养模式的实践与探索［J］．中国职业技术教育，2006（255）：11－12．

［19］张新科，王斌．高职专业导师制人才培养模式的创新设计［J］．职教论坛，2012（5）：79－82

［20］姜大源，吴全全．德国职业教育学习领域的课程方案研究［J］．中国职业教育研究，2007（2）：47－54

［21］陈述．高职院校导师制的特点和运行模式的研究［J］．职业教育研究，2010（6）：40－41

［22］潘莉．高职院校实施导师制教育的可行性研究［J］．天津职业大学学报，2008（5）：7－10

［23］邓明阳．基于校企合作的"三位一体"双导师制人才培养模式探索［J］．职业技术教育2013（20）：57－59

［24］张伟萍．高校与企业人才培养合作模式的探索［J］．教育与职业，2011（23）：25－26

第五章

基于行动导向的中高职衔接课程开发与课程教学研究

——以汽车机械基础课程为例

本课题的研究侧重于对基于行动导向的教学思想在汽车专业机械基础课教学中的具体实施层面，探究一种符合现阶段职业教育特征、能行之有效、具备可操作性的汽车专业基础课教学过程范例，这也将对相关专业课程的改革有着很强的借鉴作用。课题研究的主要内容：

（1）基于行动导向的汽车机械课程教学过程研究与实践。

（2）行动导向教学配套的基于职业岗位与潜能拓展的汽车机械基础课程开发研究课题研究的基本思路：系统框架建立—具体分析实施—系统效果评价反馈。

（1）对基于行动导向的教学过程思想在汽车基础课程教学中应用进行可行性分析，对实施难度、需解决的问题、实施后效果进行分析预测，建立具体研究的结构框架。。

（2）对实施过程中，对配套课程进行研究，对实施载体——具体的不同类别项目进行教学设计。

（3）通过纵向、横向比较对完整的实施过程进行分析、评价，对课题实施效果进行总结。

第一节

概　述

一、行动导向教学理论

行动导向教学模式是一项针对实际情况的自觉行为转变，目的在于改变职业教育面对社会经济变化的被动局面，改进教学方法、教学手段、激发学生的创新性，提高学生学习兴趣，提高教学质量，充分体现以学生的全面素质为基础，以职业能力为本，以实践能力为导向的教学理念，培养出国家建设需要和受社会欢迎的人才。所谓"行动导向"，是指"由师生共同确定的行动产品来引导教学组织过程，学生通过主动和全面的学习，达到脑力劳动和体力劳动的统一"。行动导向教学模式明确以全面的职业行为能力为目标，倡导各种教学策略和方法，期望学生彻底、完整的运用手、心、脑等各种器官学习，追求学生专业技能、方法能力、事务能力和社会能力的并举兼得，因而克服了传统教学专注于认知过程即教师传授知识，学生接受知识的弊端。

二、行动导向教学模式培养目标

高职教育的培养目标应从培养再造技能为主转变为培养创造技能为主，从培养动作技能为主转变为培养智慧技能为主，从培养简单、重复的技能为主转向为培养复杂的、弹性的技能为主。让学生"会做"，能正确地完成相关职业中的任务。实施行动导向教学模式具体的目标有以下几个方面。

（1）突出专业课程的职业定向性，以职业能力作为配置课程的基础，使学生获得的知识、技能真正满足职业岗位的需求。

（2）注重知识和技能的结合。基础理论以应用为目的，以必需、够用为度，以掌握概念、强化应用为重点。专业知识则强调针对性和实用性，培养学生综合运用知识和技能的能力。

（3）强化学生职业能力训练，综合开发学生的职业能力。强化学生创新能力培养，提高学生就业上岗和职业变化的适应能力，实现"双证书"制度。

（4）增强课程的灵活性，形成模块化、弹性化的课程体系，以适应行业和社会对应用人才规格多变的需求。

（5）推行订单式人才培养模式。根据订单式培养模式的特征，其成功的关键是对市场需求的快速反映。学校在教学过程中应做到三个协调：即专业设置与企业需求相协调；技能训练与岗位要求相协调；培养目标与用人标准相协调。

三、行动导向教学过程开发

（一）以工作任务为中心来组织课程内容

按照工作任务来组织课程内容是行动导向教学模式应用的前提。行动导向教学模式并非是简单地把实践课程置于理论课程之前。这是对行动导向教学模式的机械理解。行动导向教学模式不能仅仅体现在课程框架层面，还必须落实到课程内容组织层面。因为在理论课程与实践课程相互分离的情况下，技术理论知识与技术实践知识在课程中仍然是严格地相互割裂的。当这两类课程分别由理论课教师和实践课教师承担，而这两组教师之间又缺乏足够的合作时，技术实践过程对技术理论知识学习的"激发作用"，技术实践知识与技术理论知识的整合效应，都难以充分发挥出来。因此，行动导向教学模式的内在地要求是完全打破技术理论知识与技术实践知识之间的界限，以工作任务为纽带把这两类知识整合到统一的课程中。在掌握技术实践知识的基础上再展开技术理论知识的学习，这就要求技术实践知识与技术理论知识之间必须有内在的逻辑联系。如果这两部分知识之间的联系是机械的、牵强附会的，那么不仅不能取得好的教学效果，而且会由于所学知识比较零碎，导致教学效果反而不佳。

（二）从实践到理论组织每一个知识点

行动导向职业教育课程整合内容组织行动导向教学模式的基本原理是，按照从实践到理论的顺序组织每一个知识点。一门课程的内容是由许多单元组成的。按照行动导向教学模式的观点，当把技术理论知识与技术实践知识整合到同一门课程中后，如果在这一门课程中，仍然把它们分为理论单元和实践单元，分阶段地分别予以学习，也是对行动导向教学模式的机械理解，并没有真正体现出该模式的精髓。比如现在有些专业课程，虽然这门课程中既有理论知识，也有实验、实习，但这两部分内容明显地是分开来予以安排的，通常是在前面系统地阐述理论知识，然后在附录部分安排几个实验或实习。在这种课程内容组织模式中，技术理论知识和技术实践知识的教学必然是割裂的。因此，按照行动导向教学模式的原理，在每一个具体知识点的组织过程中，都应当按照该模式来展开课程内容。

（三）技术理论知识与技术实践知识的互动

行动导向教学模式并非意味着课程内容的组织只能按照从实践到理论的单向方式进行组织，而是主张从技术实践知识出发建立技术理论知识与技术实践知识的双向、互动关系。在学习技术理论知识后，应当重新回到实践，这样不仅可以进一步加深对技术理论知识的理解，而且可以发挥技术理论知识对技术实践知识的促进作用。如此往复几个循环，才可获得教学的最佳效果。

第二节

汽车机械基础课程开发与教学现状

一、中高职汽车维修类专业机械系列课程设置现状

中高职汽车检测与维修技术专业的相关汽车机械课程包括《公差配合与测量》《机械制图》《机械设计基础》《工程力学》《机械制造基础》《液压与气压》等。课题组通过对国内众多开设汽车检测与维修技术专业的高职院校的广泛调查，发现对汽车核心专业课的教学课改，一些院校，特别是国家示范院校对基于任务驱动，工作过程，双证融通等课程的开发力度很大。但对于基础课程的课程研究与改革力度不大，只有部分院校初步尝试进行教学改革，并且主要只表现在对课程的设置与整合上。表4-1是不同学校汽车专业各方向对机械基础课程设置与整合情况。

表4-1　高职汽车检测与维修技术各专业方向机械课程群的开设主要现状

高职汽车检测与维修技术 机械基础系列课程群			高职汽车检测与维修技术 主要开设的专业方向						
《公差配合与测量》 《机械制图》 《机械设计基础》 《工程力学》 《机械制造基础》 《液压与气压》			汽车技术服务与营销	汽车检测与维修	汽车制造与装配	汽车电子技术	汽车保险与理赔	汽车定损与评估	汽车整形技术
独立	开设成六门课	三个学期开设共约300课时	▲	▲	▲	▲			▲

续表

高职汽车检测与维修技术 机械基础系列课程群			高职汽车检测与维修技术 主要开设的专业方向						
合成	机械制图 机械基础 1 + 液压与气压	三个学期开设共约 230 课时	●	●	●	●	●	●	●
	机械制图 机械基础 2 + 公差配合与测量	三个学期开设共约 230 课时	▼	▼	▼				▼
	汽车机械基础 （六合一）	两个学期开设，约 140 课时	★	★		★	★	★	★

注：机械基础 1 含（工程力学 + 材料与工艺 + 机械原理与零件上中下三个分册）

机械基础 2 含（力学基础、机械设计基础、机械制造基础、液压与气压）

通过研究现状看，对于进行了初步改革的院校也多是将以上门课程或部分课程压缩成《汽车机械基础》一门课程，而且乱、杂，没有统一的标准。课程体系还基本承袭了我国高等教育重系统、重理论的传统，尽管有些改进，但始终没有走出新路子，课程设置和教学内容上还没有脱离普通高等院校的原有模式，基本上是普通高等院校的压缩或翻版，还没有形成适合要求的课程体系、教材体系和教学内容。从实际教学效果来看，简单的整合，也犹如"压缩饼干"，携带方便，咽下困难、更是不易消化吸收，并且理论与实践也还存在着脱节现象，教学内容为工科所通用，专业针对性不强。这也是大多数院校在教学中遇到的难题——没有合适的教材，没有合适的教学方法，没有形成与体现职业院校自身的特色。

二、行动导向教学范式的基本内涵及在汽车机械教学中应用现状

高等职业教育主要培养面向基层、面向生产第一线的高等技术应用型专门人才，所以高职院校学生的培养模式应以适应社会需要为培养目标，在重视必需的基础理论知识学习的同时，应以培养学生的技术应用能力为主，来设计学生的知识、能力、素质结构和培养方案。

行动导向教学范式定义为：以学生为中心，以培养学生行动能力为目标，在教师的行动引导下，通过多种不定型的活动形式，激发学生的学习热情和兴趣，使学生主动地使用脑、心、手进行学习的教学方法。它不是一种具体的教学方法，而是各种以能力为本的教学方法的统称。行动导向教学法具有很强的针对性，以职业活动为导向，以教会学生"学会学习、学会工作"为目标而开展教学活动。教学活动的开展，通常是围绕某一课题、问题或项目开展，以"学习任务"为载体，引导学生自主学习和探索的过程。使用行动导向教学法，将能更好地培养学生的关键能力（包括专业能力、方法能力、社会能力和个性能力），以达到"职业教育就是就业教育"的教学目标。行动导向教学法的实质在于有意义的接受式学习与有意义的活动的有机结合，实现教学

效果的最优化，其目的在于有效地提高学生的综合素质，特别是能力素质，使学生学会学习、学会应用、学会创新。

汽车机械基础课程的内容多，范围广，作为专业基础课程，是学生入学后基本职业行动能力培养的主要载体，课程的学习显得尤其重要。高职学生普遍学习成绩较差，并且在高职汽车专业的某些方向，文理兼招，文科生理工底子更薄，一个班级中，也是参差不齐。对理工科课程的教学来说，是一个新的课题，而且三年制的高职生，在校学习实际也只有两年半的时间，基础课程的开设要在第一学年完成，那么如何让学生在第一学年就能较全面地掌握基本内容，获取基本技能，也是教学中面临的一个挑战。

而目前高职汽车专业机械基础课程教学基本还是以"学科型模式"进行，课程简单的整合使得在各门课程教学之间没有建立必要的联系，也忽视了与汽车维修服务企业的实际联系，课程教学和行动能力的培养严重脱节，不能满足现代职业教育对职业能力培养的要求，也无法面临以上出现的新局势，无法应对这种挑战。

行动导向的教学已广泛应用于汽车核心专业课程的教学中，实践也证明它对学生行动能力的培养有着重要的促进作用。基于行动导向教学范式也迫切需要在汽车机械基础的课程改革与教学中得到全面实施。

◥ 三、本课题研究主要方法

课题研究的主要方法：

（1）实验研究与比较研究相结合

通过试验班教学实施与非实验班进行横向比较，通过定性与定量分析，探索基于行动导向的课程教学与传统教学的效果差异，重点研究该方法的特征与创新。

（2）理论研究与项目开发相结合

课题研究定位于当代职业教育的主流思想具体在专业基础课程教学中的实践。在通过文献研究、理论研究基础上，结合学生实际背景设计不同项目，突出项目对学生实践技能引导与创新思维的培养。

第三节

基于行动导向的汽车机械基础课程开发研究与实践

汽车机械基础课程是中高职院校汽车维修类专业等专业的重要技术基础课程，它既是专业基础课程，同时又有较强的技术性与实践性，在整个专业教学计划中起到承上启下的作用。课程的性质决定了汽车机械基础课程的开发模式与公共基础课、专业核心课要有所不同。本课题的研究方向之一即是对基于行动导向的课程开发的研究与实践。

一、课程开发三个阶段

（一）市场调研–职业能力分析阶段

市场调研是课程开发的一项基础性工作，目的在于解决汽车机械基础课程准确定位问题，教学内容的选择与专业需求、就业导向接轨的问题。调研分三个部分：

（1）是汽车维修、制造、服务相关企业的调研；把握行业、企业的人才需求，把握汽车机械基础课程在不同类别的企业中、在不同岗位中所能发挥的直接和潜在作用。

（2）是开设汽车相关专业的国内同行院校的调研；了解课程设置情况，教材使用情况，课程开发情况。

（3）是对学生的跟踪调研；对汽车检测与维修技术的两个方向（汽车技术服务与营销、汽车维修与检测）的学生进行调研，课题组分四个梯度进行。如图4–1所示。

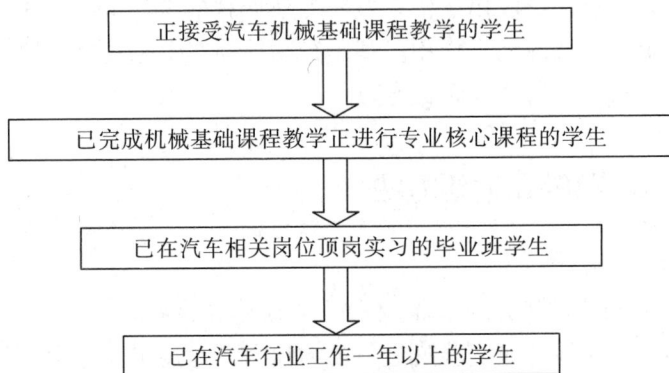

图4–1　对学生的跟踪调研框架示意图

调查的内容包括：相应行业的人才结构现状、专业发展趋势、人才需求状况，岗位对知识能力的要求、相应的职业资格和学生就业去向等。目的要把握行业、企业的人才需求与职业院校的培养现状，在此基础上确定对汽车机械基础课程的定位、对专业服务面向的岗位群的培养作用、培养目标和机械基础课程改革的思路等。

该阶段的难点是在职业分析的基础上对岗位群进行分析，确定所需要的机械基础方面的知识和技能。

根据高技能人才培养目标，在调研和分析汽车制造与零配件加工企业、维修与服务行业职业岗位（群）及任职要求的基础上，召开有由行业和企业技术与管理专家为主体，专业教师参加的专题研讨会，针对汽车制造与装配专业、汽车检测与维修专业毕业生今后从事的汽车维修操作工、汽车维修业务接待员、汽车评估与鉴定员、汽车营销员等不同的岗位，分析汽车机械基础知识对技术应用能力、职业素质等方面的作用和要求。

（二）课程对应的人才培养目标的确立阶段

汽车机械基础课程的开发目的在于对汽车机械基础知识的掌握与应用，培养工程意识和职业素养，具有分析、解决工程实际问题的行动能力，为后续专业课程的学习及今后的工作起到明显的促进作用。

在课程开发的实践中，课题组借鉴北美 DACUM 课程开发形式、德国基于工作过程导向的课程开发方法，结合学院已有的课程改革的基础，基于汽车机械基础课程的特点，确定以"基于行动导向的三层次能力递进培养模式"作为课程开发的出发点与目标点。这一模式包含三重含义，其一，总体是基于职业行动能力的培养模式；二是强调能力的递进培养，三是突出可持续发展行动能力与创新能力的培养。如图 2－2 所示。

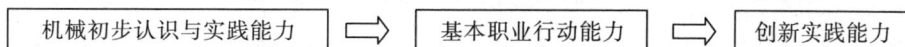

机械初步认识与实践能力 ⟹ 基本职业行动能力 ⟹ 创新实践能力

图 4－2　三层次能力递进框架示意图

（三）课程开发重构阶段

根据第一、二阶段的调研与能力分析，明确了课程的职业能力要求，在第三阶段要进行教学内容的选取、课程的开发重构。汽车机械基础的内容翻杂，既要避免杂乱无章，又要紧密结合职业行动能力的发展。该阶段需要解决的问题是：课程设置的原则、课程大纲的制定、课程载体的选择、课程内容的重构、课程标准的制定、课程情境的创设、基于能力培养的课程项目的引入、课程的实施与评价等问题。

课程开发重构是整个模式的核心部分，课程的教学设计，要统筹规划，处理好传承与扬弃、引进与借鉴的关系以及各任务间的逻辑关系。整合后的教学内容应符合职业岗位要求，充分体现职业性、实践性和可持续发展性。

二、课程重构三项原则

（一）紧密围绕汽车专业特点，明确课程的定位

汽车机械基础课程是高职院校汽车制造与装配专业、汽车专业检测与维修专业等专业的重要技术基础课程，它既是专业基础课程，同时又有较强的技术性与实践性，在整个专业教学计划中起到承上启下的作用。

但课程定位应不仅仅在于此，更重要的是，在课程的学习中，发展学生的基本职业行动能力，对学生的创新思维进行锻炼，培养学生可持续发展的行动能力。

课程开发定位应是以汽车维修及服务市场需求为逻辑起点，以提高汽车机械基础技术应用综合行动能力和拓展创新能力为主要目标。如图 4－3 所示，为汽车机械基础课程的定位示意图。

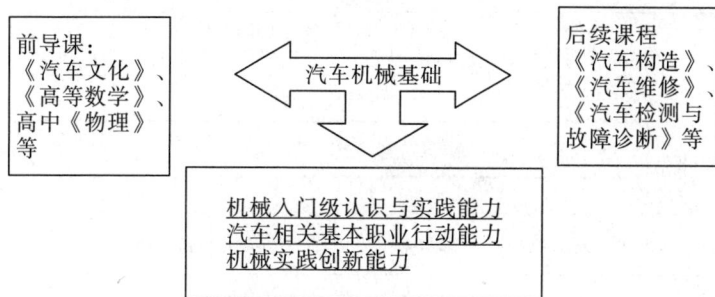

前导课：
《汽车文化》、
《高等数学》、
高中《物理》
等

汽车机械基础

后续课程
《汽车构造》、
《汽车维修》、
《汽车检测与
故障诊断》等

机械入门级认识与实践能力
汽车相关基本职业行动能力
机械实践创新能力

图 4－3　课程定位示意图

（二）课程与职业需求、就业导向接轨

根据高技能人才培养目标，在调研和分析汽车制造与零配件加工企业、维修与服务行业职业岗位（群）及任职要求的基础上，召开有由行业和企业技术与管理专家为主体，专业教师参加的专题研讨会，针对汽车制造与装配专业、汽车检测与维修专业毕业生今后从事的汽车维修操作工、汽车维修业务接待员、汽车评估与鉴定员、汽车营销员等不同的岗位，在汽车机械基础知识、技术应用能力、职业素质等方面的要求，一起研讨，共同制定本课程标准（教学大纲）、选择教学内容进行重构，确保教学内容符合行业企业发展需要和完成职业岗位实际工作任务的需要。

（三）课程内容要以行动导向为切入点、遵循行动能力的发展规律

整合后的教学内容应符合职业岗位要求，充分体现职业性、实践性和可持续发展性。在职业能力分析的基础上，以职业所需的知识和技能为先导设计课程。即先根据职业工作内涵，分析对应知识、技能与素质要求，构造课程体系及层次，并使课程模块化，确立每个模块的知识与技能组成，对内容甄选与整合。既注意培养学生掌握必须的理论知识，更注重培养学生应用知识解决实际问题的能力，强调在实践中掌握理论知识、原理、方法，体现知识、能力、素主质培养"三合一"特征。加强了与岗位能力培养有关的教学内容，舍去了与培养应用型人才目标不相适应的设计、计算方面的教学内容，沟通了课程内容之间的联系，使之有机地结合形成新的课程体系。

三、课程的开发具体实施过程

（一）课程三阶段开发示意图，如图4-4所示。

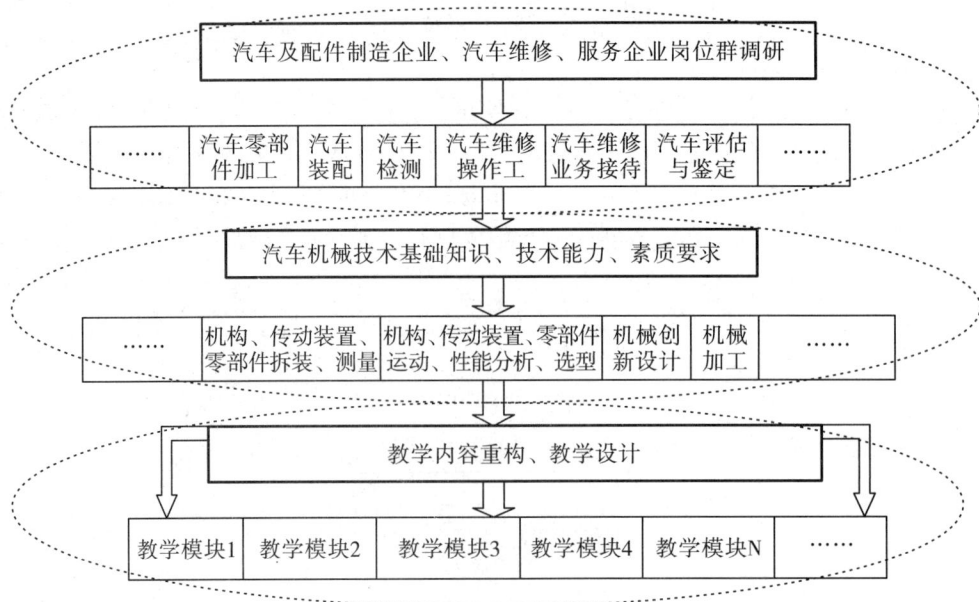

图4-4　汽车机械基础课程开发示意图

（二）与职业行动能力对应的教学内容选取与整合

知识的掌握服务于能力的建构。要围绕职业能力的形成组织课程内容，以典型项目引领相应的知识、技能和态度，实现理论与实践的融合。要避免把职业行动能力简单理解为操作技能，注重职业情境中实践智慧的养成，培养学生在复杂的工作过程中做出判断并采取行动的综合职业能力。

通过与对应的职业行动能力分析，确定《汽车机械基础》课程的教学内容见表4-2。

表4-2　教学内容与职业能力要求对照表

序号	职业行动能力要求	教学内容
1	汽车常用机构、传动装置、零部件拆装、测量	机械、机构、运动副等有关概念
		通用零部件的国家标准内容及使用
		汽车常用机构、传动装置、零部件类型、结构特点、拆装要求、汽车基础工艺实训
		机械拆装、测量仪器、工具、设备的使用方法、拆装虚拟实训、拆装现场实训
2	汽车汽车常用机构、传动装置、零部件工作、运动传递、性能分析、选型等	机构自由度计算、机构运动简图识图与绘图
		各种汽车常用机构、传动装置、零部件的工作原理、运动特性
		汽车常用机构、传动装置、零部件的正确选用
		汽车常用机构、传动装置、零部件的使用与维护
3	汽车汽车常用机构、传动装置、零部件设计计算、承载能力分析、零件的加工工艺分析	汽车常用机构、传动装置、零部件的材料、失效形式、设计计算准则、设计计算方法、步骤
		计算机辅助进行零件图、装配图画图及识图
		汽车典型机械设计实训
		机械创新设计实践、大赛（课外）
汽车典型机构：平面连杆机构、凸轮机构 汽车主要传动：带传动、链传动、齿轮传动、蜗杆传动、轮系、液压传动、气压传动 汽车主要零部件：轴、轴承、联轴器、离合器、制动器、联接件		

重构后的课程内容符合汽车专业相关职业岗位的任职要求，充分体现了职业性、实践性和可持续发展性。课程有别于一般同类课程的体系结构，在总体上是以汽车类所需最基本的经典内容为主线，在职业能力分析的基础上，列出相应的知识、技能，以与汽车维修等工作过程为依据，以相关项目和任务这载体，整合相应的知识、技能，序化课程内容，实现基于职业行动能力培养为导向的教学内容的重构。

整合后的课程模块表现"6+1"，含义为六大基本模块和一个综合实践模块，见图4-5。

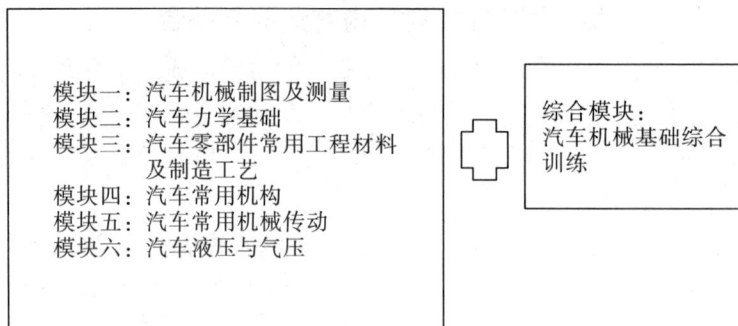

图4-5 整合后的"6+1"课程模块框架

3. 课程的载体-典型项目的设计

基于行动导向的课程教学，要求学生更多在"做中学"，专业基础的建立是一种"生态构建"，通过具体的项目实施、实践训练、造型、试验等方式使学生结合工作过程在行动中学习知识，并培养学生实践技能和创新思维，提高职业能力、发展健全的社会能力。汽车机械基础课程是高职汽车专业的重要专业基础课，也是培养学生职业拓展能力、接轨职业能力、提高创新能力的基础。基于行动导向的合适的项目或典型工作任务，既能对这些机械基础课程分类实施模块教学，又可通过完整的项目为纽带把多门课程有机整合。因此，项目的设计也成为课程开发的重中之重。

课题组对应三层次能力递进人才培养模式，在整合后每个模块课程教学中，设计相应的教学项目。框架结构如图4-6所示。项目设计分成递进的三个层次，对应三层次的能力培养。第一层是一般项目，主要解决对教学内容一般性的认识，涉及的内容具有通用性，常识性，培养学生对机械的通识能力。第二层是专业项目，项目设计融入汽车专业特色，以对汽车机械的认识、拆装、检测为主，以培养学生的初步专业行动能力为主，为后续职业能力奠定基础。第三层是拓展项目，项目设计难度应有所加大，也应体现一定的创新性，但基于前面二种项目的训练基础，经过适当的学习与教师指导，是完全可以完成的，主要是以培养学生的自主学习能力和创新能力为目标。教师科研项目也渗透于项目设计，并为学生实践创新计划立项和职业创新比赛进行培育。不同的教学模块中的项目设计参考见附录1，在教学中可根据教学条件、教学对象有针对性进行选取采用，并根据实施情况进行动态调整。

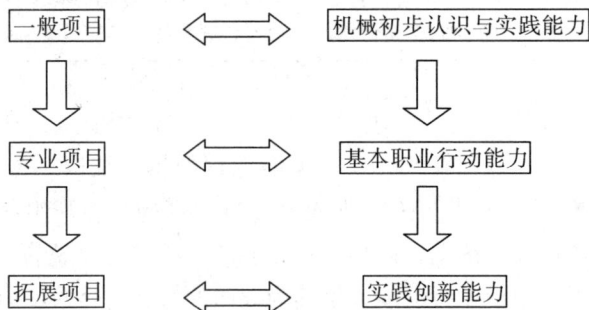

图4-6 项目设计的框架结构

（四）　根据所确定的教学内容制定出规范的教学大纲

教学大纲是教师进行教学的准则，是使课程达到教学计划要求的保障，是检查教学效果的标准。教学大纲包括课程的性质和任务，教学内容细目、系统安排、教学主要课题，对每个课题的内容、教学目的及要求、重点、难点，教学形式、课时分配做出指导性规定。

（五）　根据教学大纲制定出授课计划

制定授课计划的过程，是一个合理分配每一个教学课题所用教学时数的过程。在《汽车机械基础》课程的建设中，由教学经验丰富的教师编写出课程授课计划，这样不但能保证教师顺利完成教学任务，而且便于对教学过程进行检查和监督。

（六）　按照教学大纲和教学计划编写出讲义及与之配套的教学指导书与教材

《汽车机械基础》的讲义按照教学大纲的要求和职业教育的特点，增加了汽车零部件受力分析、汽车动力学分析、动平衡实验原理、标准件的型号鉴别与选用、传动及联接的结构形式设计等与专业能力培养有关的教学内容，同时舍去了点的合成运动、刚体的平面运动、杆件的强度计算、齿轮的强度计算等一些专业能力培养无关的教学内容。把刚体的基本运动和轮系的传动比计算、刚体动力学和汽车动力学分别结合在一起讲述调整了教学难度，尽量以高中的数学、物理等基础知识为起点讨论问题思考题、练习题以基本训练为主以应用型知识为重点，不提高难度，不降低水平。定理、结论不作繁杂的数学推导，着重讨论其应用。

《汽车机械基础》讲义通过重新编写应具有以下特点：反映高职应用型人才培养的特点，知识内容以专业的需要和够用为度；理论知识和专业紧密配合，针对性强；教学起点低、教学难度适中、内容少而精，占用学时少。为了达到良好的教学效果，我们编写出了教学指导书。指导书对每一个教学课题的教学目的、要求、重点、难点、预备知识、教具、挂图、教学过程安排等都作了一一分析，通过分析提出达到教学目的的教学方法。

（七）　制定相应的考核标准及考核方法，构建多元化的新评价体系

传统的期末闭卷考试方式存在题目的限时性、定向性、唯一性、单纯性的弊端，不仅使学生处于被动学习状况和陷入考前突击的误区，而且无法对学生学习过程和职业能力作出检查与评定。因此，我们对传统的考试方式进行了改革，采用以技能型综合大作业为主的多种形式相结合的考核方式，并设计一系列反映专业特点的考核项目，以便综合考核学生学习态度、掌握知识的程度以及应用能力、自学能力、计算能力、查阅资料的能力、独立处理问题的能力和动手能力；并使学生体验和深入了解课程内容与本专业的密切联系，更好地启迪学生的求知欲。

四、汽车机械基础各教学模块项目设计

表4-3　模块一：汽车机械制图及测量

项目类别	序号	项目具体内容	主要知识点	能力培养
一般项目	一	利用三维软件进行简单三维实体绘制，比较实体与三视图	制图的基本原理；零件的各种表达方法；标准件和常用件的表达方法；仪器的使用	机械制图的基本知识与规则
	二	对照零件图，识读并分析零件		
	三	简单测量仪器的使用、形状简单零件的测绘与零件图绘制		
专业项目	四	汽车简单零件工程图绘制	公差配合与测量知识；零件图与装配的识读	职业行动基础能力（培养汽车零部件的识图、零件测量的基本能力）
	五	对照零件，识读汽车复杂零件的图纸		
	六	识读汽车总成部件装配图，并拆装典型总成部件		
	七	对发动机缸径、圆度、汽缸体平面度等测量		
拓展项目	八	根据零件图，通过三维软件，生成三维实体	三维软件的应用	软件应用能力思维拓展训练
	九	利用三维软件，协助教师建设汽车虚拟零件资源库		

表4-4　模块二：汽车常用工程材料及制造工艺

项目类别	序号	具体内容	主要知识点	能力培养
一般项目	一	材料拉伸	材料的性能；金属结构与铁碳合金相图；钢的热处理；黑色金属材料；焊接加工基础；金属切削加工	机械工程入门级认识与实践能力
	二	材料硬度测试		
	三	钢花认识与判别		
	四	金钳焊		
	五	热处理参观认识		
专业项目	六	汽车各种零件材料认识	非金属材料；有色金属；金属压力加工；零件加工工艺	职业行动能力
	七	汽车典型零件生产工艺		
	七	汽车钣金实习		
	八	汽车四大工艺认识		
拓展项目	九	对新材料在汽车中的应用，查资料，撰写3000字论文	材料知识	自我学习能力思维拓展训练

表4-5 模块三：汽车力学基础

项目类别	序号	项目具体内容	主要知识点	能力培养
一般项目	一	直推式载重自卸受力推杆与翻斗的分析	力与力偶；力分析；平面力系；	基础力学认识
	二	汽车机械制动操纵装置的受力分析		
	三	驾驶员操纵方向盘的分析		
专业项目	四	汽车拖车挂钩钢拉杆强度校核	轴向载荷；圆轴扭转；构件的运动和动力分析	对汽车及发动机主要机构的运动分析能力
	五	汽车传动轴的扭转受力分析与强度校核		
	六	汽车轮胎动平衡		
	七	发动机的曲柄连杆运动分析		
拓展项目	八	拆装手动变速器，分析轴系零部件的结构、受力、润滑、密封	轴（轴的分析及材料、轴的结构、轴的强度校核、轴毂的连接）、齿轮、轴承（滑动轴承、）滚动轴承	综合分析能力思维拓展训练

表4-6 模块四：汽车常用机构

项目类别	序号	项目具体内容	主要知识点	能力培养
一般项目	一	自制四杆机构，并演示	平面机构的结构；平面连杆机构；自由度计算	机械工程入门级认识与实践能力
	二	观察各种典型学生熟悉的常见一般机械机构，绘制运动简图		
	三	观察模型动画，绘制单缸发动机运动简图		
专业项目	四	动手拆装单缸（或多缸发动机），重点观察与掌握发动机二大机构的特点与运动关系	四杆机构演变；凸轮机构；运动特性	职业行动能力（培养发动机拆装及运动分析的基本能力）
拓展项目	五	另类发动机结构创造，通过简图及二维动画演示表达并制作简单模型	机构创新设计	创新实践能力

表4-7 模块五：汽车常用机械传动

项目类别	序号	项目具体内容	主要知识点	能力培养
一般项目	一	认识、观察、分析拖拉机、传输带、缝纫机运动传递	带传动；链传动；齿轮传动	机械工程入门级认识与实践能力
	二	观察、拆装自行车传动链并分析		
	三	普通减速器的拆装与分析		

续表

项目类别	序号	项目具体内容	主要知识点	能力培养
专业项目	四	拆装发动机正时带（或正时链）、发电机等附件传动，观察并分析	带传动；链传动；齿轮传动的定周轮系、周转轮系；	职业行动能力（培养发动机拆装及运动分析的基本能力）
	五	拆装汽车转向器并分析		
	六	拆装汽车手动变速器并分析		
	七	拆装差速器或行星齿轮变速器		
拓展项目	八	改装双人自行车	结构创新设计	创新实践能力
	九	设计齿轮传动自行车		

表4-8　模块六：汽车液压与气压

项目类别	序号	项目具体内容	主要知识点	能力培养
一般项目	一	千斤顶操作、工作原理分析	液压传动的基本概念；液压系统基本工作原理；液压元件；	液压系统的基本知识与原理
	二	各种仿真液压回路演示		
专业项目	三	汽车普通制动系统系统认识并分析	液压系统回路及应用；气压系统原理、元件及回路；	职业行动基础能力
	四	汽车动力转向系统分析		
	五	汽车 ABS 系统分析		
	六	根据回路图，组装液压系统		
	七	货车气压制动系统认识与分析		
拓展项目	八	利用液压系统原理，设计一种汽车平头驾驶室翻转结构	液压系统的实践应用	实践创新能力思维拓展训练
	九	利用液压系统原理，设计一种油缸直推式自卸举升结构		

表4-9　综合模块：汽车机械基础综合训练

综合模块：汽车机械基础综合训练	设计原则：整合课程各课题内容，融制图、材料、加工、机械原理、液压等一体化的项目。项目设计可结合大学生实践创新训练计划、教师的科研项目子课题或学生的毕业设计等进行。	项目设施保障：1. 项目的实施由教师在课堂上进行项目总体安排，具体设施要在第二课堂进行，可由兴趣小组、汽车协会成员联合参与2. 项目需要一定的资金投入。

续表

序号	项目名称	项目具体内容	主要知识内容	能力培养
一	简单机械手的设计与模型制作	观察机械手的动作；设计运动简图、转化图纸；生成三维模型或制作模型或实物	机械设计基础；制图；力学基础材料；机械制造基础	1. 机械工程的认识与实践能力 2. 职业兴趣的培养 3. 职业基础行动能力的培养 4. 宽专业适应能力的培养 5. 创新实践能力的培养 6. 自我学习能力 7. 综合分析与解决问题能力的培养 8. 学生的合作能力与组织能力培养
二	汽车驾驶室翻转机构的设计与模拟（机械式与液压式）	观察各类翻转机构，进行调查研究；运动装置设计；	机械设计基础；制图；力学基础材料；制造基础；液压	
三	自卸汽车连杆组合式自卸机构的分析	结合连杆机构与液压系统进行实际的汽车自卸机构的设计，主要集中于结构设计与运动分析	机械设计基础；制图；力学基础材料；制造基础；液压	
四	双人自行车改装制作	观察分析，利用废旧的单人自行车进行改装，侧重于制作	机械原理；制图；材料；力学基础制造基础	
五	齿轮传动自行车制作	改变传统自行车传动方式，侧重于前期的创新设计	机械设计基础；制图；力学基础材料；制造基础	
六	另类发动机模型制作	改变传统发动机方式，侧重于创新设计	机械原理；力学发动机原理	
七	卡丁车制作	参考样机、图纸，进行简易卡丁车制作	机械设计基础；机械制造基础；汽车机构	

五、重构后的汽车检测与维修专业中高职汽车机械基础课程模块

重构后的中高职汽车机械基础课程模块作了一体化设计，根据学生在不同阶段的学习能力安排不同的学习模块。如表4－10所示。

表4－10 重构的中高职业汽车机械基础课程模块

汽车机械基础	中职（汽车运用与维修）－高职汽车运用技术主要开设的专业方向
"6＋1"课程模块	模块一：汽车机械制图及测量 模块二：汽车力学基础 模块三：汽车零部件常用工程材料及制造工艺 模块四：汽车常用机构 模块五：汽车常用机械传动 模块六：汽车液压与气压 综合训练模块
内容安排	中职（模块123）＋高职（模块456＋综合）

续表

基本课时安排	中职 140 课时 + 高职 120 课时
综合训练模块	一周时间

注：金属工艺实习可安排 2～3 周，机械制造中的金属工艺理论部分可不再讲解或少课时介绍；教学可实施模块化教学；综合训练模块取代传统的机械课程设计

六、重构后的汽车机械基础课程的特色

（一）突出能力培养

重构后的汽车机械基础课程体系改革改变了传统的"学科本位"的课程观，采用"行动能力培养为导向"课程观。课程开发方式既体现能力本位，即教学以技术应用的行动能力为终点，同时又考虑了专业技术（知识）的系统性与职业岗位所需技术应用能力的系统性。课程内容相互融合又自成体系，避免了杂乱无章，便于学生自主学习。

（二）凸显专业特点

重构后的课程总体上是以汽车类所需最基本的经典内容为主线，以与汽车

维修等工作性质和过程的要求为依据，序化课程内容，实现基于职业行动能力培养为导向的教学内容的重构。在教学内容的安排上，注重基本概念、基本常识、基本技能和基本方法，充分体现基础课够用为度的原则。

（三）实现"实用、够用"

长期以来，职教界倡议的"实用、够用"口号到底该如何去实现，没有具体的标准，没有具体的做法。本课程围绕职业活动的需要来选择课程内容，以项目组织教学，不过多注重理论的系统性，但求内容的实用性和针对性。

以下几个方面进行探索并基本实现"实用、够用"的要求。

（1）识图常识以培养学生将平面视图转换成立体图的空间想象能力为主，弱化了画法几何的内容并将部分制图知识贯穿到后续的零件知识中使识图能力的培养贯穿到整个课程学习中。

（2）机构部分以汽车中所用的机构为主线，构建课程内容，融机构、受力分析和运动分析等知识为一体，重构知识体系。

（3）液压传动部分重点突出汽车中的液压元件和液压系统知识，针对性极强。

（4）融机修的基本知识、基本技能为一体，将课程内容拓展到专业的基本能力和基本技能领域，重点突出汽车修理的机修基本技能训练，凸现实用性。

（四）符合认知规律，彰显"生态构建"

重构后课程教学内容的组织与安排符合高职学生的认知规律特点，突出职业行动能力与创新实践能力的培养，合理设计教学项目。

在项目实施过程中，学生不仅学会了问题的解决，知识的获取，更重要的是培养了学生自己解决类似问题的能力。实现了知识获取与能力培养的"生态构建"。

通过改革，《汽车机械基础》课程的内容不再隶属于哪一门学科，也不再是简单的组合，而是一门适合高职汽车专业的新型课程。

第四节

基于行动导向的汽车机械基础教学过程研究与实践

一、行动导向的教学过程的总体设计原则和要点

（一）总体设计原则

在课程的教学设计方面，围绕"可持续发展行动能力与创新能力培养"为主线，以此确定课程教学项目；项目设计注意突出对知识的理解与应用，解决问题的能力与创新思维的培养；增加现场实践教学、模拟实训及企业真实环境下的训练，积极开展第二课堂的创新实践活动；以学习任务牵引理论的学习，实现理论知识和实践技能有机融合；建立以项目驱动、教师参与全程指导，学生为主体，形式多样的教学方式互相融合，以学生实施项目过程考核为主的学习活动，来培养学生的综合能力和素养。总体设计原则框架如图4-7所示。

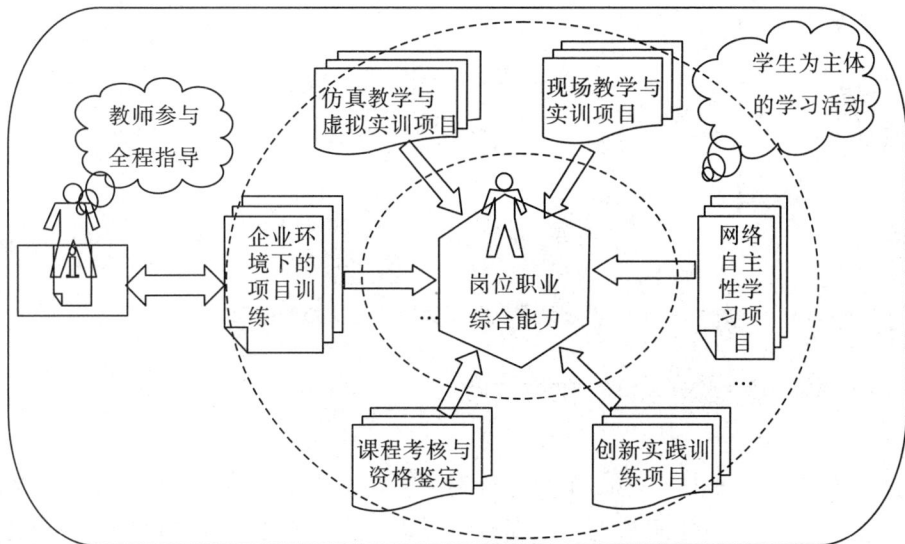

图4-7 行动导向的教学过程的总体设计原则框架图

（二）教学过程设计要点

（1）课堂形式多样化，引进项目进课堂。

（2）课堂教学提供给学生的不能是"压缩饼干"，而应是"炼丹"。

（3）在行动中完成课程消化吸收，在实践中培养职业行动能力与创新能力。

二、行动导向的教学策略、教学方法的研究与实践

在以"可持续发展行动能力与创新能力"培养目标指引下，课题组针对汽车机械基础课程的特殊性，在教学过程中充分吸取国内外优秀的教学方法和策略，并加以创新应用。课题组通过近三轮的汽车机械基础课程的教学过程研究与实践，总结了"以项目驱动法为核心，其它教学方法综合应用，因材施教"的"行动导向法"。如图4-8所示。"因材施教"在此处有两重含义：一是因教材内容的变化而采取相应的教学方法，二是因不同的教学对象而采取不同的教学方法和策略。

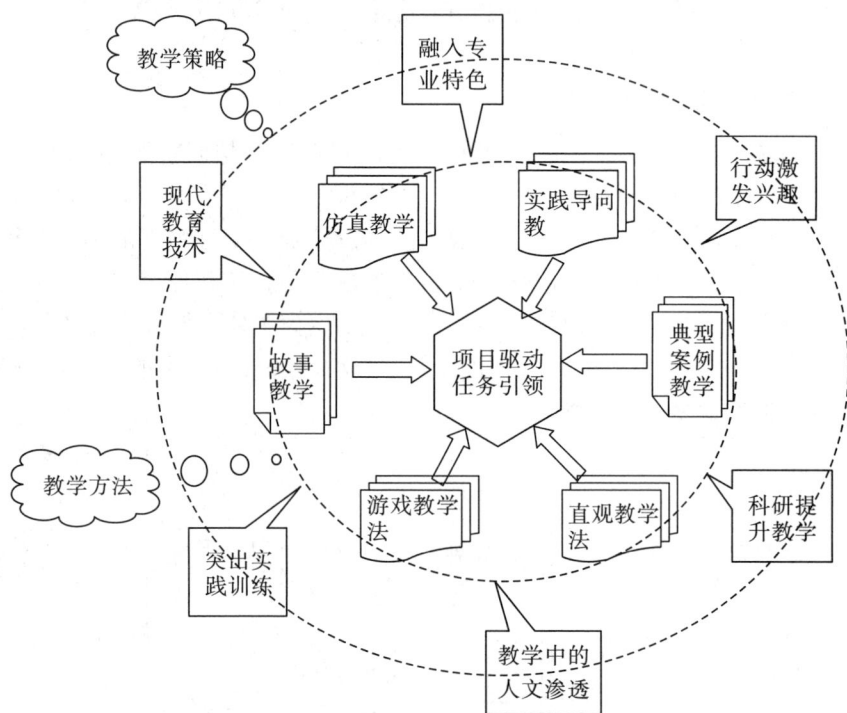

图4-8　行动导向教学策略与方法结构框架

（一）典型教学策略的研究与实践

1. 行动激发兴趣

在行动导向的课程研究中，我们也特别关注并调查了儿童兴趣班的教学方法。如航模班，一个不到十岁的儿童进入航模班学习，从什么都不懂到能够顺利熟练地自己动手组装飞机模型、汽车模型等所需时间也只要30课时时间。而且在学习的过程中，儿童兴趣很浓，积极性很高。对此，我们的调查表明，这种儿童感兴趣的学习班其实就是典型的行动导向的学习。无非它的对象是仅具有一二年级知识的儿童，教学的手段采取的是老师先示范分步制作，然后学生自主完成各自的模型，学生在制作过程中老师进行指导，并对学生的作品进行评价。

对照行动导向的教学范式，我们发现儿童的这种兴趣班教学的每一个环节都符合行动导向教学的特征。在高职的教学中，我们的教学对象是经过高中学习的青少年。普遍学习基础较差，多数人学习兴趣不高。我们的教学方式能否向兴趣班看齐呢？我们认为这是完全可行的。良好的学习兴趣是成功的一半，充分调动学习积极性是行动导向教学法的切入点和目标之一。《汽车机械基础》课程是学生第一次真正接触与汽车结构紧密相关的课程，是培养学生职业能力和养成职业素养的第一个环节。对于理论性很强的课程，基于学习对象的知识程度和知识素养，如果没有实践过程，学生很容易产生厌学情绪。如在机构和零件教学中通常是先带学生到实验室，让学生以切实的行动去真实感受到机构的运动，拆装零部件的结构后，再回到课堂，用问题导入的方法引出该课的内容。如学习轴的结构设计和轴上零部件的固定，让学生先在实验室拆变速器了解轴的结构，轴承的类型、轴上零件的安装固定，轴承座孔，齿轮啮合传动和键的类型和安装使用等的知识。如在学习"平面连杆机构"的内容时，先带学生观察汽车中常见的连杆机构的运动，如汽车雨刮臂，汽车转向的转向梯形等，再通过动画进一步拓展教学内容，最后让学生分组自己动手制作连杆机构模型。通过这系列教学过程的展开，学生的学习是在一个多纬度的空间中展开，有模型、动画、实物，有老师讲解，指导，提示，有学生自己动手制作，有学生的创新设计活动。使得学生在行动的学习中掌握行动的能力，引导学生建立起对课程的兴趣，激发对以后从事专业的热情。

2. 融入专业特色

在《汽车机械基础》的教学中，不管是理论教学还是技能训练，都要体现汽车专业的特色。例如在蜗杆传动机构教学中，在理论教学时，教师应该多用汽车中的例子，例如蜗杆传动在转向器中的应用，技能训练也是以发动机翻转架为训练器材。再比如，在讲轮系时以汽车手动变速器、差速器、行星齿轮变速器为例，在讲凸轮机构时以发动机的配气机构、柴油机的喷油泵驱动机构为例。另外，教学中所用的挂图、课件、模型等也应尽量采用汽车中的零件和机构，这样才能让学生融入"汽车"的氛围，而且在教学中所举例子就是后续课程中将遇到的，这也为学生学习后续课程打下坚实的基础。

3. 突出实践训练

一些专业课教师由于长期从事机械制造专业的教学，对汽修专业整合后的《汽车机械基础》的教材处理感觉无从下手，甚至认为这样处理教学根本无法进行。在此，教师一定要认识到汽修专业的机械基础课程教学目标和要求与机械类专业的课程教学目标和要求是不同的。以蜗杆传动部分为例，机械制造专业《机械基础》只是简单介绍了蜗杆传动的特点、应用、类型、基本参数、蜗轮蜗杆的材料和结构等基础知识。这样的教学内容必然不能满足汽修专业的培养目标和要求。在《汽车机械基础》里的教学中，除了讲授蜗杆的基本知识，还应该教会学生正确使用蜗杆式的汽车装置和维修用的器具。如前所述，以此为任务来处理教材、安排教学内容。为了突出实践，可以安排两次教学活动。一是蜗杆蜗轮的旋向和转动方向的判定，主要的教学内容是蜗杆传动机构的组成、蜗杆的类型、蜗杆传动机构的应用、蜗轮蜗杆转向判定，在理论教学之后就安排相同课时的实践课，可以使用蜗轮蜗杆教学模型让学生判定蜗轮蜗杆的螺旋方向和转动方向。二是蜗杆式发动机翻转架的使用，教学内容围绕这一任务，主要讲授蜗杆传动的特点，用一节课完成理论教学，第二节课就进行技能训练，指导学生使用蜗杆式发动机翻转架，重点要求学生注意蜗杆传动的自锁性。这样以完成工作任务安排教学过程，学生有紧迫感，并且因为接触到的是他们闻所未闻，见所未见的实物，增强了学生的直观体验，激发了他们的学习兴趣。

实践训练需要有基本的训练场所，我校根据汽车检测与维修技术专业岗位职业素质与能力要求，来确定本课程的实训内容，同时考虑与后续课程相衔接，具有强的针对性与实用性，实训方式具有多样性和灵活性。

实训基地针对学生对汽车机械基础技术应用能力的培养要求，对本课程的实践教学进行了统一规划设计，设立了专门或共用的实训室。主要有：

（1）汽车机械教学实验室：主要设备有：汽车典型机构、零部件、传动装置实物陈列、自动仿真机构等；可进行汽车总体结构认识、机构与总成结构认识、运动分析、测量等实验；

（2）机械实验室：可进行金相组织分析、金属材料性能试验、机械创新训练等；

（3）机械基础工艺实训车间：可进行各种类型真实的机械加工、焊接、钳工等的训练。

（4）液压实验实训室，可进行典型液压回路实验。

（5）校内汽车实训中心－MG 名爵 4S 店，学生通过在企业现场的真实环境的实习，可以增强对汽车及机械的感性认识，更重要的是全面了解汽车机械基础知识对未来岗位的重要作用，这些实践教学基地为培养学生的实践动手能力，增强工程意识发挥重要作用。

利用以上实训条件可完成教学大纲所要求的汽车机械基础全部实践项目教学。

4. 多媒体技术与虚拟仿真实训的应用

根据本课程教学需要，课程组成员还制作了由大量图片、FLASH 动画、三维模拟仿实体、视频等素材构成的形象生动、内容丰富的教学课件。汽车专业还建有虚拟仿真实训室，配置电脑 100 台，配相关教学软件，可供学生虚拟学习环境中进行汽车主要机构、部件的原理展示、虚拟拆装等仿真训练。

在部分教学模块中，如汽车主要机构和汽车机械传动部分教学中，教师可首先利用多媒体技术展现汽车常用机构、传动装置、零部件的结原理等内容，分析、归纳出需要掌握的知识点、需要掌握的方法，再通过虚拟技术进行分析，利用实物对比讲解、演示，之后再安排学生进行虚拟操作训练和考核，完成相应的教学项目。

虚拟仿真系统解决了车间实训和企业实践过程中，学生无法直观感受的从原材料入厂、产品生产到产品出厂的整个流程，或某一物体的结构。虚拟仿真系统还可避免真实实训或操作所带来的各种危险，节省学校实训成本，解决传统实训的时间、空间限制。教师可以此为平台进行相关专业软件开发、与学生进行教学互动，提升自身专业技能。学校可不断更新教学内容，使逼真的实践训练及时跟上技术的发展，创新教学手段，增强学生的感性认识。

5. 注重教学中的人文渗透

《汽车机械基础》作为汽车专业的技术基础课，在基础理论课与专业技术课之间起着承上启下的作用，有着重要的地位。人文教育是以人为本，关注人的个性，培养人文精神的教育，是帮助人们解决世界观、人生观、价值观，解决理论认识和科学思维，解决对社会发展规律的认识和应用的教育。在《汽车基础基础》课程教学中渗透人文教育，就是通过对《汽车机械基础》课程内容和方法的研究，培养学生追求人生美好境界，追求自我价值完善，使学生树立正确的世界观、人生观和科学观，培养社会意识，，提高社会能力，强服务社会的使命感和责任感。

任何学习愿望总是在一定情境中产生，教师在教学中应有意识地创设问题情境，使高职学生积极思考进而解决问题，由启而发，才有吸引力，才能诱导学习兴趣，增强学习动机。例如在讲授材料中的碳钢和铸铁部分，首先提出问题①"钢铁是怎样练成的？"一下就把学生的注意力集中了起来。然后告诉学生，要获得钢，首先要炼得生铁。而生铁是由矿石经高炉冶炼而获得。接着又提出问题②"钢与铁的关系是什么？"遂以"恨铁不成钢"引入钢与铁的关系。在讲授热处理环节中，讲解钢在热处理前后的力学性能的变化联系到人的性格锤炼。在学习自然科学的过程中，让学生"明自然之理，判人生之美"。

人类文明的精神成果往往是以知识的形式存在的，其常常是"隐藏"在知识之中的。从《汽车机械基础》概念和规律的形成及发展，学习人类认识自然的艰辛和奋斗历程；通过介绍世界科学家发现机械运动规律的历程，激发高职学生对科学的兴趣、对理想的憧憬，激发高职学生的学习兴趣和探索热情；通过介绍在机械学科发展中优秀科学家的感人事迹，激发学生产生崇高的正义感与社会责任感；介绍机械学科中与当前国计民生密切相关的知识，激发学生献身于造福人类与社会的热情。在《汽车机械基础》教学过程中，穿插一些科学家的经历和科学史，对高职学生今后乃至一生的成长都有很大的益处。

在《汽车机械基础》教学中渗透人文教育，收到了良好的效果。学生们对这门课不再感到千头万绪、枯燥、繁琐了，能"乐在其中"，通过教学反馈也证明了在《汽车机械基础》教学中渗透人文教育对激发学习动力有着重要促进作用。

6. 科研提升教学

教学与科研是一个具有内在联系的不可分割的统一体，教学与科研既不相互矛盾，也不能相互代替，没有科研的教学是不完整的教学，没有教学的科研不是高等学校中的科研。加强教学科研的联系，在科学研究中开展教学活动，教学出题，科研求解，以科研成果支持教学改革，教学与科研互动，教学与科研互相促进将越来越成为众多高校发展的战略。

几年来，课题组在教学过程中，不断将科学研究应用于教学环节，侧重于将项目引进课堂，教师引导，以学生为主体，在教学过程中，对科研进课堂采取行动导向的教学模式，很好地进行了融合，没有拘泥于形式，取得较好的效果。

（1）以科研为载体，注重科研在课堂教学中的渗透。在课堂教学注意贯穿科研的态度和精神。搞科研，除了有扎实、深厚的理论基础和科学的实践能力之外，更重要的是有精细、认真、穷追不舍的态度和敢于提出问题、勇于解决问题的"创新"精神。所以，在课堂教学过程的注意树立学生的自信心和雄心壮志。

教学内容的主体是"基本理论、基本知识、基本技能"，但是，课堂教学除了围绕基本理论和概念进行外，还要注重科研成果和科技最新发展动态的渗透。例如，笔者主持的院级科研项目"自卸汽车举升机构及试验台的研制"，课题的研究是针对自卸车设计，通过建立举升机构的虚拟样机，以进行机构的形状显示、运动模拟、干涉检验等，并通过运动学和动力学仿真分析对机构进行性能评价和分析，不仅可以加速开发过程，避免或减少代价极高的设计差错，而且易于实现产品的系列化设计。课题的研究与笔者讲授的《汽车机械基础》这门课程紧密结合，这是将机械制图、机械设计、机械原理、工程力学、液压技术和机械材料工艺等内容融合压缩于一门课程。这一研究正好能将这些知识点集中于一体，让学生所学零散的知识点聚集起来，并能在实践中得以体会理解，学以致用。将科研工作中所获得的成果传授给学生，以便为他们及时补充"血液"。这样即可以保证学生能及时掌握科技新动态，又能增加他们的学习兴趣。

（2）加强科研与行动导向教学的融合，培养学生实践能力。科研与行动导向教学紧密结合，让学生参与自己的科研工作中来，以项目为纽带，在行动中学习，是提高学生分析问题、解决问题的能力及培养创造力的有效手段。而行动教学多采用分组进行，更有利于同学与老师间、同学与同学间的交流与合作，培养团队精神。为了加强科研与行动导向教学的融合，笔者通过主持教育部高职汽车指导委员会的立项课题，让学生参与项目中来，为学生提供平台，从实验方案的制定到方案实施，每一个环节中都有学生自己动手操作，这样在科研的实施中也极大地提高了学生的实践能力。

（3）强化创新训练，推动学生科技立项。学生科技立项是培养学生提出问题、解决问题能力的有效方法之一，是培养学生创新能力的重要途径。

如果学生能以科研项目为载体，结合自己的能力进行科技项目，就是对学生的一次综合性的科研练兵活动。它既要求学生有很扎实的理论基础和很广泛的知识面，又要求学生有灵活的应对能力和实践能力，还要有很好的协作能力和最终的表达能力及书写能力。通过项目的实施，可以培养团体和个人的创新意识，完善自我学习能力，提高组织协调和实施能力，可以为培养具有开拓创新精神的大学生建立一个良好的平台，使他们将所学知识融合于实践工作中，尽早地了解并参与科研开发、服务社会。

课题组在课程的研究中，十分关注学生的实践创新能力的培养，并通过教学项目不断推进。在每个教学模块的项目设计中，均选择适当的拓展项目，在教师指导下，通过第二课堂进行项目训练。项目实施以来，也取得一定的成果。二年来，课题组指导的项目已有三项在"江苏省大学生实践创新计划"中，获得资助。一项已顺利结题，一项正实施中，2010年申请的一项项目也已获得省教育厅批准。其中负责人指导一项江苏省大学生实践创新计划"叶片往复式发动机"的项目，通过在对本专业基本理论知识（如力学、物理学、发动机的基本结构原理、机械基础知识）和基本实践操作能力训练（如金加工实训），再进一步广泛阅读现代汽车科技知识，了解汽车技术动态的前提下，提出了一种全新概念的发动机的设想，并进行较系统的概念设计和制作，为发动机的研究进行具有理论和实践意义的创新。项目参与人依托此项目完成的毕业论文，也获得学院优秀毕业论文。

（二）基于行动导向教学方法的应用与实施

在教学实践中，课题组研究总结了"以项目驱动为核心，其它教学方法综合应用，因材施教"的"行动导向法"。

1. 项目驱动法

以工作任务引领知识、技能，教材内容，使理论服务于实践。教学活动也围绕完成一定的工作任务进行，从而形成一系列的教学"项目"。

（1）专业目标导向和项目设计。专业目标导向，即根据学习领域的目标要求，建立学习任务的框架，并在实际教学实施过程中，将之分解细化为若干个目标导向，针对各个目标导向内容，设计与之相应的项目，以逐步达到目标。项目的设计是项目教学中最重要的一环，所设计的项目不仅要贴近专业实际的例子，使学生有兴趣地学，而且在现有的条件和环境下能够进行探索。因此，我们在教学中选用的项目均为常用发动机、底盘等项目，并且在每个项目实施前，先介绍项目背景，活动分析，方法与步骤，再提出了学习的支持，使学生在学习每个项目开始就知道学习的任务和要求，引起学生的注意。例如，要学习铰链四杆机构，选用的项目为"汽车雨刮臂的运动观察"与"拆卸内然机的活塞连杆机构"。活动分析为"观察曲柄连杆机构的组成部分""分析连杆由哪些零件组成的""观察活塞是如何完成向上运动的"；学习的支持是引出了"铰链四杆机构及其演化"和"铰链四杆机构的死点位置"。

（2）计划制定。根据项目的目标和任务，由学生充分利用搜集的信息，制定项目工作计划，确定工作步骤和程序，并最终得到教师的认可。学生一般以小组方式工作，分组时全班同学按学号或自由组合的形式，但老师一般不赞同自由组合的方式，目的是使班里的学生都有合作的机会。学生在做不同项目时的合作伙伴都不同，有利于学生之间的交流。每组人员为六七名。每组设立组长，全面负责小组的学习讨论和落实项目的安排。小组采用协作学习的方式，在组长的指挥下，对各成员进行分工，组员分工要明确，防止出现依赖思想。

（3）计划实施。学生确定各自在小组内的分工及小组成员间合作形式后，按照已确定的工作方案和程序工作。由于项目涉及的知识比较综合，要求学生具备自主学习的能力和探索解决问题的能力和素质。教师在这个过程一定要把握好指导的尺度。侧重于启发性的、提示性指导，能锻炼学生的发散思维，培养其创新能力。

（4）反馈互动与成果展示。反馈互动通过学生的成果展示来实现。学生完成的结果可能呈现出多样性，由于教学时间的有限，成果展示不可能让每个学生都有机会。这就需要教师在学生进行职业活动过程中巡回指导，全程掌握学生的学习动态，让各组学生将本组结果汇总、分析后选派代表分两次进行成果展示，教师作最后总结。通过展示，强化学生的社会能力目标，落实方法能力的培养。

（5）综合评价。传统教学采用的结果评价方式往往只注重学生的知识目标是否实现，应将结果评价和过程评价两者结合，才能综合反映行动导向教学的效果。因此建议设计了学习评估卡，将学生期末总评成绩主要根据每个学生在项目活动中的参与程度、所起的作用、合作能力及成果等进行评价。

（6）拓展。对学习任务相关的一些知识如新技术、与以前所完成的任务之间的关联等在学生之间展开讨论。

2. 其他教学方法的综合应用

（1）问题引导法

以问题引导，提高学生自主学习能力问题引导是行动导向教学法的一种，学生按照老师给定的引导问题自主学习，掌握解决实际问题所需要的理论知识，从书中抽象的描述中总结出具体的学习内容，并建立具体的理论与实践的对应关系，在更高程度上实现理论与实践的统一。例如在"轮系"单元教学中，先通过拆卸主减速器，可以清楚行星轮系和差动轮系的应用，然后提出"主减速器有哪些种类？""什么是差速器？""什么是轮系？""行星轮系传动比如何计算？"等问题，再让学生带着问题思考、看书、总结。通过学生在拆装项目的实施中，运用问题引导教学方法，可以使学生在解决实际具体单一问题的同时，延伸自己的知识面，拓展自己的思维空间，提高自身对知识的运用与分析能力。

（2）游戏教学法。现在对青少年影响很大的莫过于网络，特别是网络游戏。对此我们一直在思考这个问题，为什么网络游戏有如此大的魅力？在教学的领域能否也一种游戏的方法把这些丧失学习兴趣的孩子吸引过来？

我们也对此进行了一些研究与分析，探讨在网络游戏的典型特点及其教育功能。

网络游戏有这样几个典型特点，第一，制作精美、画面音效逼真精细，是吸引青少年的重要原因。第二，强烈的互动性也是网络游戏吸引青少年的另一重要原因。第三，网络游戏的另一大特点就是能够建立虚拟现实模型，仿真性很强。网络游戏有自主性、情景性、趣味性、参与性、协作性等教育功能值得关注与借鉴。

与行动导向的教学范式的比较，我们惊叹，这种网络游戏最大的特点就是"行动"。符合行动导向的典型特征。相比发达国家学校的课堂，我们的课堂存在一个明显的缺陷，就是刻板、枯燥、因循守旧、循规蹈矩，尽管这些年来不断地改进，但还是非常不够。兴趣是最好的老师，只有感兴趣了，才能充分调动主观能动性，才能最大限度的挖掘人的潜力。特别是有相当一部分这样的学生，学习基础差，学习积极性不高，又觉得目前传统的教学方法枯燥无味，学起来没劲，自身有一种无法抗拒的厌学情绪。我们正是基于学生们必须要学习规定的知识和技能又承认和尊重他们的兴趣这两个方面，将二者巧妙合理地结合起来，在汽车机械基础课程教学中借鉴网络游戏设施"游戏教学"。在部分课题教学中，充分使用这一方法，学生反响很强烈。如在机械识图部分及汽车常用机构的教学中，我们借助 SOLIDWORKS 仿真三维软件作为"游戏软件"平台，充分发挥这一三维软件的建模，造型，仿真，运动模拟等类似游戏的特点，开拓学生的自主学习性，激发学生的学习兴趣。做到"玩中学、学中玩、边玩边学、边学边玩。"玩，也是一种行动，是一种愉快的行动。

（3）故事教学法。故事教学法是指在教学过程中，通过故事教学来完成教学和教学目标的一种教学方法。它是一种具体的教学方法，具有一定的现实可行性。这种方法可以调动师生参与课堂教学的积极性，提高学生学习的兴趣，从而有效地完成教学效能。

　　故事教学是以故事的眼光看教学，它不是指叙事研究或个案研究中教师的教学故事，而是教师在教学中把讲故事作为一种具体操作的方法来实施教学，增强教学的趣味性、文学性，更好地完成教学任务；同时，通过讲故事激活课堂，并由故事本身渗透出的教育价值，以及教师在讲故事过程中所渗透出的教育思想，丰富学生的精神世界，提升学生的人文精神。

　　故事教学法具有一定的可行性。在汽车机械基础课程资源中富含很多的故事题材，教学活动中教师要组织课程资源以达到教学目标，故事就是一种可资利用的资源。最主要的还是学生们喜欢听故事，一般人喜欢听故事，因为故事已是他们生活的一个组成部分。学生喜欢听故事是个不争的事实，学生可能不喜欢某一门功课，不喜欢某一个老师，但没有几个不喜欢听老师讲故事的。比如在结合古代名剑"干将、莫邪"的故事分析汽车典型零件的铸造、锻造工艺，极大提高学生的兴趣。

　　（4）实践导向教学法。针对本课程实践性较强的特点，采用了"实践—理论—实践"的组织模式，即认识实习、工种训练—理论课程教学—实践教学，如：钳工基本知识、焊接基本知识等。

　　（5）直观教学法。此方法适用于抽象的概念和较复杂的结构类型、构造等教学内容。教学中充分利用视频、动画、三维图形、实物模型、实物照片等手段以及现场参观、实习实训等教学环节，使抽象问题直观化，复杂问题简单化，有效培养学生发现问题和解决问题的能力。

　　（6）典型案例教学法。该方法用于汽车典型零件的加工工艺等教学内容的教学。如介绍轴类零件加工时，以汽车半轴的加工为例，通过典型案例教学为学生提供一种模仿、借鉴和延伸的范例，既丰富了课程内容，又加深了学生对课程教学内容的理解，同时激发了学生学习本课程的兴趣，增强了学生的工程素养。

第五节

课程改革前后的情况比较与成效

　　课题研究的主要方法和思路之一即是通过试验班教学实施与非试验班进行横向比较，通过定性与定量分析，探索基于行动导向的课程教学与传统教学的效果差异，重点研究该方法的特征与创新。并通过纵向、横向比较对完整的实施过程进行分析、评价，对课题实施效果进行总结。

一、课程改革前后比较

　　如表4-4所示为课程改革前后的内容比较。

表4-4 课程改革前后比较一览表

类别	课程改革前	课程改革后	说明
课程体系内容	1. 原有的课程体系是独立的4-5门课程独立在三个学期开设，课时总学时有300多节。导致在核心专业课已开设的同时，基础课程仍在同时进行。课时太多，也占用了专业技能课的课时。 2. 课程内容结构是彼此完全独立。自成体系。 3. 课程定位在为后续专业课奠定基础	1. 构后的课程总体上是以汽车类所需最基本的经典内容为主线，以与汽车维修等工作过程为依据，序化课程内容，实现基于职业行动能力培养为导向的教学内容的重构。 2. 整合后的课程模块为六大基本模块和一个综合实践模块，既"6+1"。 3. 课程不仅在于是后续课程的基础，还要实现职业行动能力的培养，并由基于行动导向的项目来保障	聘请业界专家参与教学设计，从认识论上解决汽车专业机械基础课程怎样设置的问题，解决课程教学内容怎样选取和排序的问题
课程教学方法	实践教学：以验证性试验和模拟实训为主 理论教学：以教师传授为主	在以"可持续发展行动能力与创新能力"培养目标指引下，总结了"以项目驱动法为核心，其它教学方法综合应用"的"因材施教法"。"因材施教法"在此处有两重含义：一是因教材内容的变化而采取相应的教学方法，二是因不同的教学对象而采取不同的教学方法和策略	从方法论上解决了汽车专业机械基础课程怎样教的问题
课程教学实施条件	实践教学：把实验、实训、实习作为三个关键环节，在不同环境中进行 理论教学：专业基础课程服务专业课程，初步实现了"课程结构的大平台、分层次、活模块、多接口"；素质教育贯穿教育全过程；初步实现课内外教学立体化对职业养成教育缺乏系统性的情境创设	注重教师的素质：专业理论、职业实践、职教理论、职教实践； 创设学习情境：学习环境和工作环境合二为一； 强调课程对应的人才培养模式是"可持续发展行动能力与创新能力"的培养。重点是教学过程的实践性、开放性和职业性； 重视学生校内学习与实际工作的一致性； 配套开展教材建设	从系统论的角度解决了高职汽车专业机械基础课程的教学设计问题

二、课程改革中存在的问题

在具体的实践过程中，也存在以下几个方面问题，值得思考：

（1）师资素质有待全面提高。行动导向教学法在汽车机械基础课程应用中，对教师的素质要求很高。其一，教师必须拥有机械和汽车方面的广博的专业知识和深厚的理论功底，要善于分析学生在模拟教学中存在的各种问题，并予以正确的引导。其二，教师必须具有丰富的实践经验、熟悉各项技能的具体操作。

（2）行动导向教学法适合小班教育，但目前我国职业院校由于办学规模的扩大，班级人数较多，全面开展行动导向教学法存在一定难度。实施行动导向教学法将使教学成本大大提高，这也是制约行动导向教学法全面推广的一个难点。

（3）行动导向教学法中能力的培养。传统的教学方法是学科本位的，行动导向教学法是能力本位的。因为受传统的教学法的影响，我国大多数试行的行动导向教学法带有学科本位性质。

以项目教学为例，大多数试行的项目教学还是停留在教给学生一个现成的项目（课题），学生只需要照要求完成项目制作就可以了，因此教学的出发点停留在提高学生技能水平这个层面上，并未考虑到在这个过程中关键能力的培养。

（4）行动导向教学法适用性的认识。不同的学科类型需要建构不同性质的教学方法分类体系。行动导向教学法是一种从"做"当中去"认知"、"累积"、"再认知"的教学方法，对理论性强的学科并非有好的适用性，所以在行动导向教学法的实施中，在针对不同的教学内容时，要注意不同教学方法的融合。

（5）对课程的结构体系打破与重构问题。课程的重构是要基于能力的培养，不是基于具体项目的设计。教材内容要注重知识的内在逻辑关系，要有它的系统性与相对独立性，不能盲目追风效仿而支离破碎。

（6）评价体系制约行动导向教学法实行。在职业教育中，学校对教师教学质量和学生学习质量的评价仍以传统评价体系为准则，也即注重成绩而非真正的能力培养成效，这无疑阻碍行动导向教学法的推广。所以我们要及时构建行动导向教学中教师教学质量和学生学习质量的评价体制，这样才能促进行动导向教学法的推广应用。

三、课程改革的成效

汽车机械基础课程是高职汽车专业的重要专业基础课，也是培养学生职业拓展能力、接轨职业能力、提高创新能力的基础。基于行动导向的课程教学，要求学生更多在"做中学"，专业基础的建立是一种"生态构建"，通过具体的项目实施、实践训练、造型、试验等方式使学生结合工作过程在行动中学习知识，并培养学生实践技能和创新思维，提高职业能力、发展健全的社会能力；基于行动导向的教学，在汽车机械基础课程教学中，既能对这多门课程分类实施模块教学，又可通过完整的项目为纽带把多门课程有机整合；基于行动导向的教学，可以通过形式多样教学方法，以学生的兴趣作为组织教学的起始点，让学生一开始就参与到教学过程的设计、实施和评价中。基于行动导向的教学是把"压缩饼干"变成"炼丹"的有效方法。

经过"做中学，学中研，研中做"的多次循环，行动导向教学法在《汽车机械基础》的教学中已初步显出其独特的诱人魅力。我们深刻体会到：在教学实践中灵活运用行动导向教学法，通过对高职汽车专业机械基础课程内容的整合，把行动能力培养与理论教学进行有机结合，在这个过程中，能最大限度地激发学生的学习兴趣，保护其强烈的求知欲，为学生提供一个开放型、探究型的学习氛围，也充分发挥了学生的学习潜能，让学生在体验和创造过程中学习，将理论与现实生活紧密地结合在一起；通过学习，学生的创造能力、独立工作能力、挫折承受能力和综合职业等能力得到了提升，收到了良好的教学和实践效果。最关键的是行动导向教学法的实践过程，既体现了教师的主导作用，又发挥了学生的学习主体作用，更体现了高等职业技术教育的教学模式与特征。

参考文献

1. 姜大源，吴全全，当代德国职业教育主流教育思想研究［M］北京，清华大学出版社，2007

2. 谢颂京．基于能力本位的汽车机械基础课程改革初探［J］科教文汇，2008（1）

3. 谢少芳，姚佑平．高职近机类《汽车机械基础》教学改革探索，广东交通职业技术学院学报［J］2004（3）

4. 徐国庆．工作结构与职业教育课程结构［J］教育发展研究，2005（8）

5. 姜大源．学科体系的解构与行动体系的重构［J］教育研究，2005（8）

6. 王利贤．汽车机械基础［M］北京，电子工业出版社，2008

7. 张森林，孙旭．汽车机械基础［M］北京，冶金工业出版社，2009

8. 朱浩，孙旭．基于行动导向的教学设计探索［J］职业技术，2009（11）

9. 孙旭．基于行动导向的汽车机械基础课程教学的研究与实践［J］大众科技，2010（4）